民国政要及其夫人们

陈宁欣 骏 辰 **编著**

杜筱青 孙水晶 **图片整理**
林秀平 陈 力

东南大学出版社
·南京·

内容提要

政界要人的家庭生活一般鲜为人知,却是老百姓喜欢议论的话题。本书精选民国时期有一定知名度、有一定影响力的政要19人,主要讲述他们的婚恋、婚姻、情感经历及婚后生活,结合当今社会热门的"剩女"、"夫人参政"、"枕边风"等话题,既可使人对民国政要的家庭生活有总体的了解,又可使人从中悟出一些深刻的道理。

图书在版编目(CIP)数据

民国政要及其夫人们 / 陈宁欣,骏辰编著. —南京:东南大学出版社,2014.6(2024.3重印)
ISBN 978-7-5641-4985-7

Ⅰ.①民… Ⅱ.①陈… ②骏… Ⅲ.①政治人物—生平事迹—中国—民国 Ⅳ.K827=6

中国版本图书馆 CIP 数据核字(2014)第 097241 号

民国政要及其夫人们

出版发行:	东南大学出版社
社　　址:	南京市四牌楼2号　邮编:210096
出 版 人:	白云飞
网　　址:	http://www.seupress.com
经　　销:	全国各地新华书店
印　　刷:	广东虎彩云印刷有限公司
开　　本:	652mm×960mm　1/16
印　　张:	14.5
字　　数:	308千字
版　　次:	2014年6月第1版
印　　次:	2024年3月第2次印刷
书　　号:	ISBN 978-7-5641-4985-7
定　　价:	35.00元

本社图书若有印装质量问题,请直接与营销部联系。电话:025-83791830

前　言

　　政界要人的家庭生活一般鲜为人知，却是老百姓喜欢议论的话题。

　　不管人们的政治观点如何差异，婚姻的道德标准却是基本统一的。民国是新旧文化交流融合、碰撞摩擦的时期。婚恋方式由传统的父母包办、媒妁之言向自由恋爱转变，不同思想倾向构建出不同的婚恋观，"退婚"、"私奔"、"同居"、"离婚"等现象开始得到社会同情默认。在婚姻家庭中，男人虽在许多方面占主导地位，但已经受到来自女人追求各个领域的平等权利和个性自由的冲击。民国政要们也不例外。因为具有一定的社会地位和权力，政要们的婚恋往往又被赋予了新的内涵。相对于普通老百姓来说，民国政要们的家庭私事，一般更不希望别人知道，荣光的事外露倒也罢了，"家丑"是绝对不想外传的！这就更加激起人们了解的欲望，因此往往出现了一些失实的绯闻逸事，有的难以澄清，以致流传渐广，比如刘纪文与宋美龄订婚并成为情人的传言，已经写到了一些史书之中。有的传言对政要们的后代都造成一定影响，所以澄清事实，还是有必要的。

　　俗话说："清官难断家务事"。因为种种原因，民国政要的夫人往往不只一位，这就造成了家庭的复杂性。有的政要夫人也是政府官员，资历很深，社交很广，对丈夫的仕途升迁、政治决策都产生重要影响；有的政要夫人性格要强，呈"女强人"状，政要成为"妻管严"；当然，也有的政要夫人贤惠良淑，是丈夫事业的好帮手……形形种种，对理解当今许多社会现象都有借鉴作用。

本书精选民国时期有一定知名度、有一定影响力、有一定代表性的知名政要19人，主要讲述他们的婚恋、婚姻、情感经历及婚后生活，结合当今社会热门的"剩女"、"夫人参政"、"枕边风"、"性贿赂"、"包二奶"等热门话题，使人可以从中悟出一些深刻的道理，并对民国政要的家庭生活有总体了解。

目 录

1. 热衷慈善的熊希龄 …… 1
2. 因妻而富的孔祥熙 …… 12
3. 与"雷公老母"相伴的汪精卫 …… 24
4. "山西王"阎锡山 …… 37
5. "民国外交第一人"顾维钧 …… 50
6. "中国第一好丈夫"何应钦 …… 66
7. 并未与宋美龄订过婚的刘纪文 …… 81
8. 邵元冲与夫人张默君的姐弟恋情 …… 93
9. "惧内"的戴季陶 …… 100
10. 与元配相伴到老的"花花公子"孙科 …… 110
11. "理情高手"李宗仁 …… 123
12. 被夫人妥善处理"情事"的白崇禧 …… 137
13. 钱大钧明媒正娶姐妹花 …… 148
14. 晚婚的宋子文 …… 158
15. 一再推迟婚期的胡宗南 …… 168
16. 成为蒋介石"女婿"的陈诚 …… 179
17. 并非只是风流的少帅张学良 …… 191
18. 靠太太官运亨通的魏道明 …… 203
19. 与妻子一起潜伏的唐生明 …… 216

后记 …… 225

1. 热衷慈善的熊希龄

熊希龄,字秉三,别号明志阁主人,双清居士,因晚年学佛,又有佛号妙通。熊希龄于1870年7月23日出生在湘西凤凰县镇竿镇(当时属沅州,今沱江镇)的一个三代从军家庭,因出生地隶属湖南凤凰厅,故在熊希龄成名之后,他又被人尊称为熊凤凰。熊希龄天生聪慧,文采斐然。吟诗作对,大气浩然,被誉为"湖南神童",十五岁中秀才,二十二岁中举人,二十五岁中进士,后点翰林。熊希龄虽曾官至内阁总理,却更以热衷慈善而为人称道。他一生结过三次婚,其两位夫人朱其慧、毛彦文都是他事业的好帮手。

年轻时的熊希龄

一、"一门双贵"

熊希龄的原配夫人廖氏系贵州镇远人,与熊希龄成婚后夫妻很恩爱,但不久便患上肺病,医治无效,于1895年病故。年少丧偶的熊希龄虽已誉满三湘,却难掩几分惆怅。

当时的沅州太守是江苏宝山人朱其懿,十分爱才,在湖南多处担任知府,"所至有政声",尤以兴学育才为务,深得湖南士绅的尊崇,创建沅水书院,并亲任书院山长和主讲,一反当时盛行的科举教育模式,而以"实学课士"为宗旨。熊希龄在这里眼界大开,除了经史学问有长足进步之外,他特别钟情于历史与舆地,这种修养最终成为他建功立业的基础。

朱太守的妹妹朱其慧,才貌双全,自幼有"宝山才女"之誉,随兄来书院求读,与熊希龄同学。朱其慧擅长诗词歌赋,非一般人所及。那时正是二八芳龄。朱太守见书院男生中有不少品貌兼优的少年,顿生为妹择佳婿之念。征得妹妹同意后,决定拟联征对选郎,上联曰:"养数盘花,探春秋消息。"

征婚联用红纸贴出,全院男生震动不已。一个个欢欣如狂,绞尽脑汁,想获取美貌佳人,可是都未博得其慧一笑。熊希龄本一心只想读书,以图飞黄腾达,但见了此情,觉得有失男儿尊严,于是来个无心插柳,随手写出下联:"凿一池水,窥天地盈虚。"

朱太守见罢拍案叫绝:"竟有如此奇才,难得难得。"当晚将妹妹叫到书房,问她意下如何?朱其慧不好意思地低下头,说:"此人才华出众,前途无量。"

"如此看来,你同意了?"

"小妹年幼,婚姻大事由兄做主便是。"

朱太守遂决定将妹妹嫁给熊希龄。婚前的一个月夜,希龄携其慧到沅溪畔漫步,对她说:"我本不敢高攀,却柳已成荫,只怕贤妹失望。"

朱其慧马上答话:"仁兄之才,小妹早已心中有数,愿与君同尝甘苦,就像这溪水永不回头。"1898年,熊希龄与朱其慧成婚。

熊希龄与朱其慧,感情甚佳,相敬如宾,家庭生活非常融洽,被世人传为美谈。也算熊希龄命脉好,不久又躲过一劫。

青年熊希龄

熊希龄早期参与维新,虽遭守旧派嫉妒、攻击,但因业绩突出,被执意改革的光绪帝征召入京。熊希龄打点行装准备北上,将妻子朱其慧安顿到妻兄、时任衡阳知府的朱其懿那里,再返回长沙,因为途中饮食不慎,突发痢疾,只好返回衡阳养病。然而就在这养病的十多天里,北京维新六君子的惨剧发生。因为一场疾病,熊希龄侥幸讨得一条性命。然而对这个维新名人来说,死罪可免,活罪难逃。熊希龄的维新事业至此止步。对此结果,熊希龄尚感庆幸,正如他后来对人说的,"向非一病,当与六君子同命成七贤矣!"

辛亥革命后,熊希龄主张立宪。1913年,他出任民国国务总理,成立了拥有梁启超、张謇等人的"名流内阁",一年未到便因"热河行宫盗宝案"黯然辞职,被委任为煤油督办。

为了不卷入复辟帝制的逆流,熊希龄决计离开北京,以母亲有病为名请假,获袁世凯批准。熊希龄惶惶如漏网之鱼,立即启程返湘。3个月的假期未到,袁世凯就电报催他返京,回电却是要求续假。袁世凯视熊希龄为登基的重要人物,不能缺他捧场。袁一面继续电催熊回京,一面另打主意。

当时,袁世凯筹划将总统府改为新华宫,并申令"永禁太监",改由12名女官管理内廷,上设女官长1人。女官长人选甚严,要求名门淑媛,德望昭昭。袁世凯不知从哪得知朱其慧才貌双全,就下了一道诏书:"……洪宪开基,更新涤旧,罢黜宫妃采女,永禁内监供奉,特设女官,掌理宫政,领以女官长,冠冕宫闱。兹特任中卿前内阁总理熊希龄贤配命妇朱氏,为宫中女官长,仪同特任,位视宫内大臣,赞襄后德,掌领宫规。"

诏书送到湖南寓所的熊希龄手中,他大呼上当,深感袁世凯狡黠诡谲非一般人可比。夫人在京实沦为人质,熊希龄不能坐视,于1916年1月中旬返京。袁世凯马上授予他中

中年朱其慧

卿,加上卿衔。一些趋炎附势之人纷纷登门恭贺"一门双贵"。但熊希龄知道自己与妻子在虎口之中,只能虚与委蛇,再待时机离开。

熊希龄从此心灰意冷,远离政界,直到1917年京畿、直隶的一场大水,熊希龄才结束"退隐"生活。

二、开办香山慈幼院

据载,1917年那场大水让京畿一带瞬间成为泽国,灾民逾500万人。当时,熊希龄"隐居"在天津的寓所也被河水吞没,身为灾民的熊

希龄通过财政总长梁启超和外交总长汪大燮，极力主张当局筹款，赈济灾区的饥民。国会讨论的结果是，如果由熊希龄出来主持赈灾，此事才可议。本不愿"复出"的熊希龄深知赈灾时不可待，只好"勉为其难"接受。

1917年，熊希龄视察水灾现场

在主持赈灾过程中，熊希龄得以真正了解贫民社会的疾苦。他在一次演讲中说自从办了赈灾，亲自下去查勘，才知道百姓疾苦。他感到自己以前在政界根本没有为百姓办实事，内心充满愧疚和罪恶感。良知和赎罪心理，使得熊希龄对官场看得更清也更淡。

不少灾民因为缺衣少食，无法生存，有的将儿女抛弃甚至标价出卖，有些父母带着儿女投河自尽或全家自杀。熊希龄忍不住悲叹："可怜这些孩子，他生下来并无罪恶，为何遭此惨累呢？"

熊希龄决定成立慈幼局，专门收容受灾儿童。熊希龄本以为几个月后水灾平定，就可以把这些收容来的孩子送回家。但是水灾平定之后，仍有200多名孩子无人认领。

熊希龄请求北京的各慈善机构收养，但都被以"容不下"为由拒绝。办慈幼局租来的房屋没法长租。熊希龄不得不考虑另建一个永久的机构，收养这些无家可归的孤儿，这个想法得到了夫人朱其慧的支持。熊希龄看中了有大片空地的香山,这里曾是专供王公贵族、达官贵人赏玩的私家园林。熊希龄请当时的大总统徐世昌与管辖香山的前清皇室内务府商量,成立慈幼院,用以专门收养、教育孤贫儿童。

因赈灾成效显著,1918年,大总统黎元洪特颁"一等大绶宝光嘉禾章"给熊希龄。熊希龄早已淡泊名利,没有接受,因此更赢得了良好口碑,他在香山办慈幼院的计划被批准。

熊希龄(前排站立左五)、朱其慧(前坐穿白衣者)
与社会各界名流在香山双清别墅

熊希龄一直重视教育。从政前就当过老师,后又和谭嗣同一块办过时务学堂。任总理时颁布的《大政方针》宣言,就提出教育是"立国大本"。长期以来,熊希龄最不能接受的还是教育的不平等。当时,各类学校,无论公立、私立,学费大都十分昂贵,贫苦子弟等于被剥夺了受教育的权利。熊希龄认为这种现状持续下去,国家将永无和平的希望,大乱随时可能发生。因此,他决心适应当时迫切的需要,对孤贫儿童实施免费的良好教育,用他的话说是,"俾无产阶级子弟与有产者享受同等教育之机会"。

1920年10月3日,熊希龄利用官款补助和水灾民捐余额建立的香山慈幼院,正式开院,他亲任院长。朱其慧生来娴雅,才智超群,尤长于辞令和演说,是熊希龄事业上的得力助手,帮助丈夫办理香山慈幼院和中华教育改进社,还独自创办了妇女红十字会、女子平民工厂、婴幼保教院等。因对社会慈善事业的热心,朱其慧在当时几乎与丈夫一样引人瞩目,被公认为女界领袖和平民教育家。熊希龄将服官十余年的所有积蓄全部交朱经营。

20世纪20年代,熊希龄与香慈学生在一起

朱其慧相夫教子,辛勤操劳,在为熊希龄生下三个子女之后,一病倒床,于1931年秋因脑溢血而逝世。熊猝失佳偶,悲痛不已,撰联挽曰:"以同德同心同情同志并誓同患难,生死相期,卅六年如一日,谁知垂老分飞,事业未终难瞑目;舍爱儿爱女爱婿爱孙及所爱屋乌,教养诸孤,千百人将何依,何堪环境变异,触观无物不伤心。"

熊希龄为怀念爱妻,蓄长须,持手杖,以洁身自爱,鳏居多年,立志不再续弦,一心办慈幼事业。1932年,熊将其动产不动产共计大洋27.5万余元、白银6.2万两,全部捐给新成立的"熊朱义助儿童幸福基金会"以充基金,次第举办儿童教育,而自己和家人仅每月向董事会支取若干生活费用。

1. 热衷慈善的熊希龄

熊希龄与朱其慧、女儿合影

中年熊希龄

三、"白发红颜"继续慈善事业

朱其慧去世后,熊希龄失去了事业上的得力帮手,加上年老体力下降,渐渐感到力不从心,决意物色一个合适的帮手接班,他想到了曾在香山慈幼院执教的毛彦文。

毛彦文1898年出生于浙江省江山县城的一个乡绅之家,7岁入家塾启蒙,15岁被保送入杭州女子师范,18岁入浙江吴兴湖郡女校,四年后毕业,又以浙江省第一名考入北京女子高等师范学校英文系,后考入南京金陵女子大学就读。毛彦文才貌双全,善于交际,但不好打扮,宛如一朵幽兰,引得不少文人雅客倾慕。

毛彦文的情感可谓是历经磨难。9岁时,由父做主与方姓朋友之子订下娃娃亲,而后逃婚退婚。毛彦文在外读书期间和表

毛彦文

哥朱君毅月下为盟,私订终身,但朱君毅突然移情别恋,以近亲结婚有害下一代为由,坚决提出与毛彦文解除婚约。

这让守候6年,逃婚只为下嫁表哥的毛彦文始料不及。她万般

无奈之下，只得转而求助朱君毅的同窗好友吴宓。吴宓作为一个中间人，往返于朱、毛两人之间，极力救火说和。怎奈朱君毅去意已决，坚决不肯与毛彦文缔结白首。其实吴宓早在结婚之前，就对毛彦文的才情由敬生情，只是碍于与朱的同学之谊，加上毛彦文还是自己未婚妻的好友，就将爱深深埋藏在心底。吴宓就是在这失落的感觉中，匆匆与陈心一完婚的。

朱、毛二人终于分道扬镳。毛彦文经两次婚变刺激后，重新对自己作了调整，将一切烦恼抛弃，一心学习，考取美国密雪根大学教育系。回国后，因为与熊希龄女儿熊芷的同桌好友关系，毛彦文多次到正在办慈善学院的熊府去玩。毛彦文和熊希龄妻子朱其慧的侄女朱曦也是朋友，她到熊家，受到熊希龄夫妇的热情接待。他们在一起谈时局，谈诗文，毛彦文对熊希龄非常钦佩。

1921年毛氏三姐妹合影于南京。坐者大姐彦文，站立者同文（左）、辅文（右）

1923年，吴宓与妻子陈心一、长女吴学淑在南京东南大学

此时，吴宓不顾有妇之夫的身份，向毛彦文表白了自己的爱意。毛彦文断然拒绝。陈心一不忍吴宓情感上的叛逆，两人虽然已育有三个孩子，还是在结婚7年后，最终仳离。毛彦文面对吴宓书呆子似的求爱，仍是不愿就范。吴宓毫不气馁。对毛彦文的追逐愈演愈烈，成为了一场爱情的马拉松，中间包含了太多的故事，以至于在30年代的上海滩，他们的故事成了小报津津乐道的话题。吴宓痴情毛彦

1. 热衷慈善的熊希龄

文,曾写诗云:"吴宓苦爱毛彦文,三洲人士共惊闻。离婚不畏圣贤讥,金钱名誉何足云。"

吴宓的锲而不舍最终打动了毛彦文的芳心。可是两人准备谈婚论嫁时,吴宓却生出了一丝隐忧,既想和毛彦文成为夫妻,又担心婚后会不和谐,患得患失。两人的爱情未因来之不易而最终瓜熟蒂落。吴宓留给后人的是一个严谨的学术大师印象,钱钟书就是他的学生,但他的婚恋却如同一枚涩果。

面对吴宓的变卦,毛彦文哭着说:"你总该为我想想,我一个30多岁的老姑娘,如何是好?难道我们的出发点即是错误?"吴宓不为所动,甚至玩起了"多角恋爱",令毛彦文伤心不已。

1932年熊希龄在喜峰口慰问29军抗日将士。前立者为军长宋哲元

毛彦文是个充满爱心的女子,一直热衷于公益事业。26岁时,在南京夫子庙救助过小难童。朱其慧去世,毛彦文在惋惜之余,对熊希龄的鳏居深表不安。朱曦在一旁看出她的心意,极力从中斡旋,熊希龄考虑到慈幼事业亦须后继有人,又见彦文美貌可爱,于是向毛彦文写了求婚信。

毛彦文在了解到"熊伯伯"有求婚念头时大吃一惊,先是觉得难以接受。第二天熊希龄亲自跑到复旦大学去看她,更让她觉得不好意思,要求熊伯伯以后不要再来了。熊希龄尊重她的意见,由天天跑改为天天写,自此毛女士收读情书成为每天必备的功课。熊希龄还发动亲友团进行劝说,连当时已经怀孕五六个月的长女熊芷也千里迢迢从北京跑到上海,替老父欢迎她"加入我们的家庭"。在熊希龄和亲友团的巨大感召力之下,毛彦文终于点了头。

1935年2月10日,65岁的熊希龄和37岁的毛彦文在上海西藏路慕尔堂举行婚礼,轰动全国。熊剃去长须,显得神采飞扬,发表演说解释道:剃须表示牺牲精神,结婚并非谋个人幸福,乃为慈幼园觅

熊希龄与毛彦文结婚照

一保姆。此时,熊希龄非常高兴,脱口而出一支定情曲云:"世事蹉回首,觉年年饱经忧患,病容消瘦。我欲寻求新生命,惟有精神奋斗。渐转运,春回枯柳。楼外江山如此好,有神针细把鸳鸯绣。黄歇浦,共携手。""求凤乐谱新声奏,敢跨云老莱郭,隐耕箕帚。教育生涯共偕老,幼吾幼及人之幼,更不止家族浓厚。五百婴儿勤护念,众摇篮在需慈母,天作全,得佳偶。"

结婚那天,上海名流济济一堂,朋友送联更是妙语连珠:"以近古稀之年,奏凤求凰之曲,九九月成,恰好三三行满;探朱其慧之慧,睹毛彦文之文,双双如愿,谁云六六无能"、"灰心未已,茅塞顿开"、"凤凰于飞,祥兆熊梦;琴瑟静好,乐谱毛诗"等等。

婚后,这对老夫少妻,恩爱无比,爱情上是夫妻,事业上是志同道合、同舟共济的战友。毛彦文协助熊希龄主持慈幼院工作,继而又出任中国妇女红十字会会长。这场鹤发红颜的婚事,成为当时的新闻热点,有人用"梨花伴海棠"为题大书特书。但熊希龄不以为然,他结婚的一个目的是想找一个能代他继续办理慈幼院的贤内助。

香慈董事会认为,熊希龄既已再婚,应将一半产业归还给他,以作日常家用,但熊希龄、毛彦文夫妇二人都坚决拒绝。后来董事会决定,每月发

熊希龄与香山慈幼院师生在香山碧云寺,前立第一人为熊希龄

1. 热衷慈善的熊希龄

给熊家800元生活费。

1935年夏,毛彦文回到南京,参观胡汉民女儿胡木兰任院长的南京妇幼保育院和鼓楼幼儿园,拜会陈鹤琴。在母校金陵女子大学,毛彦文接受了吴贻芳颁发的荣誉状。

1937年,北平沦陷。熊希龄和毛彦文试图将香慈迁至江西、湖南等地,但战火蔓延之迅速超出他们想象。熊希龄与毛彦文颠沛流离到香港。1937年12月,熊希龄因悲愤交加、过度操劳,突发中风去世。这对于毛彦文来说无异于晴天霹雳。悲痛万分的毛彦文继承了熊希龄的遗志,亲自担任香山慈幼院院长,下半生致力于教育和慈善事业,此后再也没有嫁人,继承着丈夫的慈善事业。

1949年,国民党在大陆溃败,毛彦文在朋友的劝说下,匆忙离开上海,在风雨飘摇的船上,她挥手告别家园,她没有想到这次是和大陆永别。1987年,年近九旬的毛彦文写了本《往事》,以大量的篇幅写亲情、爱情与友情,回避谈她和吴宓的情感纠葛,认为只是吴宓单相思而已。1999年,阅尽人世沧桑的毛彦文在台湾去世,享年101岁。

双清别墅,原是熊希龄在北京的住所,现已成香山名胜。创办香慈初期,熊希龄在香山北辛村购买了一块土地建熊氏墓园,他的双亲和夫人朱其慧都葬在这里。他还为自己掘了生圹,表明抗日到底的决心。熊希龄在香港逝世后,骨灰埋葬在当地。1992年,受定居台湾的毛彦文委托,香慈校友会代表赴香港将熊希龄骨灰迎回香山。熊希龄在世时,把每年7月7日定为香慈"回家节",毕业的校友在这一天回母校"探亲"。如今,香山慈幼院虽已不存在,但一到7月7日,仍有许多白发苍苍的校友到香山聚会,那是他们永远的家,回味感受着当年受到的关爱。

熊希龄受到后人的怀念

1920年至1949年,香慈共养育7 000多名孤贫儿童,将他们培养成才。其中包括南京国民政府教育部会计长盛长忠、水文专家谢家泽、新中国铁道部部长刘建章、邮电部部长王子纲、外交部副部长张勃川等。

2. 因妻而富的孔祥熙

穿清朝服装的孔祥熙

孔祥熙字庸之,号子渊,孔子第75代孙,1880年9月11日出生在山西省太谷县一个亦商亦儒的家庭。历任行政院长、财政部长等职,长期主理国民政府财政,亦官亦商,有"财神爷"之称。孔祥熙在娶宋蔼龄的时候,是徒有虚名的"山西首富",后来倒是因为这桩婚姻成了名副其实的"中国首富"。孔祥熙之所以能够敛财暴富,与他同样善于敛财的妻子宋蔼龄,以及因妻子而形成的与蒋介石、宋子文的姻亲有很大关系。

一、早年丧妻

孔家祖上多代经商,曾是山西首富。因为孔祥熙的父亲孔繁兹好吸鸦片,到孔祥熙出生的时候,大部分家业已在烟雾中消耗得差不多了。孔祥熙名义上是"富家子弟",其实是个苦孩子,3岁时母亲去世,六七岁时就蓬头垢面地和村里的孩子一起到太谷县城捡煤核。

2. 因妻而富的孔祥熙

孔祥熙在叔叔的支持下才进了学堂,后加入基督教。

八国联军攻进北京后,孔祥熙为避免家乡遭受兵燹之灾,利用与外国学生的关系,在山西政府和联军指挥官之间牵线搭桥,进行斡旋,避免了外国军队在山西的烧杀掳掠,也使急于发财的外国财团打开了山西的门户。孔祥熙办理教案的立场和才能,受到清政府和基督教会两方面的赏识。后被清政府公派,到美国留学,先后获得欧柏林大学文学学士和耶鲁大学经济学硕士学位。

孔祥熙年轻时与友人合影

孔祥熙元配夫人韩玉梅

1908年,孔祥熙与其在潞河书院就读时的女同学韩玉梅结为夫妻,新娘温柔漂亮,两人浅尝了人生的甜蜜。次年,孔祥熙返回故乡后创办铭贤学校,并将学校由太谷县南关迁往东关孟氏花园内。孔除主持铭贤校务并兼课任教外,同时还担任太谷县商团教官并被聘为县警察局顾问。

1911年10月辛亥起义并获成功,旋即山西及全国各地相继响应。孔祥熙组织学生奔赴娘子关参战,组织巡防队和学生军,守护县城。孔祥熙知道自己的才能不在领兵打仗上,后来清军进犯山西,在娘子关前线,他把军队交给了山西都督阎锡山,自己做了阎的经济顾问。

1912年,孔祥熙看准煤油(时称火油)生意有大利可图,便创办"祥记公司"专门经销英美火油,同时创办"裕华银行"。孔祥熙在商场略有起色的同时,不幸的是妻子韩玉梅因患肺病早逝。

讨袁的"二次革命"失败后,孙中山等革命党人再度逃亡日本。

丧妻后的孔祥熙受到袁世凯的追捕,心情沮丧,离开山西,东渡日本后加入了"自由主义者联盟",后经王正廷推荐担任了华人基督教青年会总干事,同时协助孙中山先生筹集革命经费,因此与宋蔼龄的父亲相识。

二、迎娶宋蔼龄

宋蔼龄1889年7月15日出生。其母倪桂珍的祖上可以追溯到明末大学士徐光启。其父宋嘉树,又名宋耀如。宋蔼龄1904年赴美国留学,入威斯里安女子学院。1906年,随姨父温秉忠出席美国第26届总统西奥多·罗斯福在白宫举行的宴会。面对总统,宋蔼龄大胆地当面陈述自己赴美遭拒的波折,表达对美国排华政策的不满,搞得罗斯福只好喃喃地表示遗憾。第二天,报纸以《中国少女抗议美国政府的排华政策》为题报道了此事。后来,在宋蔼龄毕业时,有家媒体预言:"宋小姐将会成为中国领袖的夫人,威斯理安女子学院将会是中国第一夫人的摇篮"。

学生时代的宋蔼龄

宋蔼龄(左)、宋庆龄(右)与母亲的合影

1910年,宋蔼龄毕业后回国。1912年开始任孙中山秘书。在工作接触中,宋蔼龄对孙中山产生好感。宋蔼龄讲述过去有人预言自己是"领袖夫人"的故事,试探孙中山的态度。孙中山只是淡淡地一

2. 因妻而富的孔祥熙

笑,没当回事,默然用无形的方式拒绝了宋蔼龄。宋耀如看出了女儿的单相思,觉得是该为她物色对象的时候了,于是想到了孔祥熙。

在宋耀如的安排下,两人见面。宋蔼龄显得特别活跃,回想起和孔祥熙在美国有过一面之交。孔祥熙对家世的介绍隐去了幼年家贫的历史,标榜自己一直在山西首富的优越环境中长大,还委婉含蓄地说出自己是孔子的直系后裔,先祖在明朝万历年间,因看中山西太谷这块风水宝地,就未回山东定居,至今族谱不乱。

宋蔼龄对孔祥熙感兴趣的倒不是孔子的多少代孙,而是他"山西首富"的地位。她对孔祥熙第一印象良好。孔祥熙三十出头,正处于人生的黄金时期,比孙中山要朝气蓬勃得多;孔祥熙虽没有孙中山名声显赫,但他有财富,而且善于使用这些财富;尤其是孔祥熙既在美国受过教育,有相当的才能,又性格随和,便于驾驭,日后对自己必定是言听计从,这一点非常重要!

家宴结束后,宋蔼龄和孔祥熙继续进行愉快的长谈,谈话双方都毫不拘谨。孔祥熙是结过婚的人,已熟知与女性交往的技巧。宋蔼龄从美国回来已有五年,在父亲和孙中山身边已经经历了一系列大事,接触过各阶层形形色色的人物,完全没有一般姑娘单独与男子相处时的羞羞答答。

孔祥熙、宋蔼龄与宋母倪桂珍等人合影

在与孔祥熙的谈话中,宋蔼龄逐渐明确了这样一个印象:孔祥熙从小在金融世家和当铺经纪人环境中长大,钱对于他来说,并不是不可捉摸的,他有着凭直觉就能使钱成倍增长的本领。虽然孔祥熙的年龄大出自己不少,但他赚钱的本领足以抵消这一缺憾,是一个可以托付终身的人。

1914年9月,宋蔼龄与孔祥熙在日本横滨市的一所小教堂举行了简朴的婚礼。这简朴的婚礼为宋氏家族的兴起向前迈了一步。

1915年,宋蔼龄随丈夫回故里省亲,在山西经营家业,帮助丈夫主持铭贤学校事务。夫妻两人过了段相对平静的日子。

穿军服的孔祥熙

年轻时的宋蔼龄

三、促成蒋宋联姻

蒋介石早就意识到婚姻是巩固政治地位的砝码。还在与陈洁如如胶似漆的1922年底,只与宋美龄有一面之交的蒋介石就隐瞒婚姻状况,要求孙中山将妻妹介绍给自己。孙中山因为宋庆龄的坚决反对,多次让蒋介石"等一等"。

蒋介石当了黄埔军校校长后,宋美龄在大姐宋蔼龄的影响下,对蒋颇有好感,甚至感觉到当时的蒋夫人陈洁如配不上蒋。蒋介石与宋美龄相互有意交往,开始鸿雁传书。

1927年4月,如日中天的蒋介石指挥北伐军节节胜利,向宋美龄

2. 因妻而富的孔祥熙

正式求婚,此举在宋家顿时引起轩然大波。宋庆龄看出蒋的政治阴谋因而坚决反对;宋母倪桂珍信奉基督教,认为结婚多次的蒋介石是个异类,也坚决不同意;在政见上与蒋对立的宋子文认为蒋地位未稳,未必能给小妹带来幸福,但他不久就被蒋介石软硬兼施地搞定了。只有宋蔼龄坚信蒋前途无量,可为宋家带来极大荣誉,竭力撮合这桩婚事。孔祥熙支持"清党"反共,与蒋介石关系渐近。宋蔼龄力排众议,成为促成蒋宋联姻的关键人物。

孔祥熙与宋蔼龄

1934年,孔祥熙高兴地迎接前来山西的蒋介石夫妇

蒋介石有意邀请宋美龄到镇江约会,写了一封亲笔信,派人到上海去面交孔夫人宋蔼龄。宋蔼龄看完信后十分高兴。5月15日,宋蔼龄专门前往车站,将宋美龄送上开往镇江的火车。在宋蔼龄的帮助下,蒋介石与宋美龄在春暖花开的5月,相伴同游焦山,两人感情增加。蒋、宋两人虽然情感已至,但要走到婚姻殿堂,还有很多路要走,其间还有些困难。

蒋介石第一次下野后,给宋美龄写了一封感情十分真切的信。

不久,宋美龄表示愿意同蒋介石结合,但言明需要征得母亲的同意。9月16日,宋霭龄在塞耶路的家中,召开记者招待会,迫不及待地将蒋介石和宋美龄的新闻抢先透露给记者,随即宣布:"蒋总司令即将与我的三妹结婚。"这一时成为各家报纸杂志的热点新闻。

孔祥熙、宋霭龄、宋美龄、宋庆龄、宋子良合影

其后,蒋介石东渡日本,向宋母倪桂珍请求允许婚事。对于宋母提出的与原夫人必须离婚、实行一夫一妻和皈依上帝、信奉基督教两个条件,蒋介石都一一答应。11月10日,蒋介石回到上海后,各大报纸刊出蒋、宋的结婚启事。12月1日,蒋介石与宋美龄举行了隆重的婚礼。

1930年的孔祥熙

作为大姐,宋霭龄在宋氏家族有着较高的地位。后来,随着蒋介石的掌权,宋霭龄更是使宋、孔家族沾足了光,特别是孔祥熙成了中国首富。宋霭龄以精明、厉害著称,连蒋介石也畏她三分。宋霭龄虽没做过中国的第一夫人,但对当时政局的影响恐怕还要在孙夫人宋庆龄之上。霭龄在民间的形象不单是"爱钱",而且还工于心计,一手操纵宋美龄,一手遥控孔祥熙。据说宋庆龄做过这样的评价:"倘若大姐是个男人,委员

长恐怕早就死了,她在15年前就会统治中国。"

四、夫妻敛财

蒋、宋联姻后,蒋介石成为国民党先圣孙中山和孔子后裔孔祥熙的连襟,大银行家宋子文的妹夫,不但提高了政治地位,还得到了财团的经济支持,很快复职掌权。孔祥熙、宋蔼龄夫妇也是蒋、宋联姻的受益者,他们以后的生意好做多了!发财的机会来了!

在宋氏三姐妹之中,因为种种原因,宋蔼龄与宋美龄关系密切。为了表示对三妹的爱意,宋蔼龄用宋美龄在美读书期间的名字"罗莎蒙黛"作为长女孔令仪的英文名。宋蔼龄不但是蒋、宋联姻的主要撮合者,也是蒋介石与宋美龄两人婚后矛盾的调和人,在蒋、宋、孔三大家族中地位特殊。

孔祥熙夫妇与长女孔令仪

1933年4月,孔祥熙被蒋介石任命为中央银行总裁,随后取代宋子文,担任行政院副院长兼财政部长,是令老蒋"满意"的理财者。孔祥熙对蒋介石言听计从,要钱就给,不问用途,达千方百计地为蒋筹措军费,购买军火。老蒋的军费开支太大,财政很快就入不敷出。孔祥熙开始靠发行公债支撑。

孔祥熙后接任中央银行行长,成立中央银行信托局,专门从事军事贸易,自任该局董事长,握有实权,独霸军火贸易十余年,从中捞取大量回扣和佣金,财富滚滚流入私囊。孔祥熙还通过贩卖烟土、买卖黄金、操控外汇市场等途径收敛财富,利用蒋介石的职权,将触角伸向四面八方,几乎到了"无孔不入"的地步。

1936年"西安事变"后,孔祥熙主和,并于12月22日和宋美龄等人飞抵西安,和谈救蒋。他故意透露的"耶和华和一个妇人,一起得救"卦相,赢得了蒋介石的好感。

1937年,财政部长孔祥熙出访德国,争取支持,受到希特勒接见,但收效甚微

国民政府迁都重庆初期,宋蔼龄认准将出现物资严重短缺,借助孔祥熙的权力,将大批日用物品运抵重庆囤积,以备物价上涨后从中渔利。不久,重庆果然出现物资短缺。戴笠委婉上报蒋介石有大户囤积居奇。蒋大怒,为了巩固后方,下令封库收货。孔二小姐听说有人要查封孔家仓库,提出暗杀查封官员,还是宋蔼龄老谋深算,设计拖延,及时将库存清理一空。

抗战期间,宋蔼龄操纵其"三泰公司"在上海纱布市场大肆投机,掀起风潮,造成恶劣影响,引起各界严查呼声。宋蔼龄给蒋介石打电话,直接承认她自己就是后台老板。蒋介石对于大姐敬爱有加,只好睁只眼闭只眼,不了了之。由此可见,孔家在其权力和财富巅峰之际,敛财之所以无所顾忌,就是因为有蒋介石的庇护,才有恃无恐。

孔祥熙的生意顺风顺水,财源广进,可孔家子女的婚姻让孔祥熙、宋蔼龄夫妇头疼不已。长子孔令侃先要找宋子文夫人的妹妹,想"外甥变连襟",未成后竟又找了个有夫之妇,很是荒唐;次女孔令俊成天疯疯癫癫、女扮男装,与胡宗南相亲

1941年的孔祥熙

被拒,单身一人;长女孔令仪执意嫁给没有显赫家世的乐队指挥儿子陈继恩,门不当户不对,1943年自作主张飞往美国结婚。孔祥熙看到长女已将生米煮成熟饭,只好利用职权任命陈为中央银行业务局局长,以充门面。宋蔼龄准备了8大箱绫罗绸缎为爱女补办嫁妆,意外被毁后,又赶制6大箱送往美国。据说,前后两次的嫁妆所耗可装备两个师。

孔祥熙从1938年4月开始主持"赈灾"事务近7年,捞了不少油水,激起民愤。抗战期间,孔祥熙在台上振振有词地发动募捐,台下有人回应说,你看看我们都瘦成这样了,还是请胖子多捐些吧。孔祥熙听后无言,悄然离开。

1943年春,孔祥熙"美金贪污案"暴露,引起社会各界很大反响,开始把财产转移至美国,一如既往地发着国难财。面对国内的倒孔浪潮,蒋介石也没办法,只有顺从民意。1945年5月,孔祥熙辞去行政院副院长,7月又辞去中央银行总裁之职,好在有老蒋罩着,没有退出不义之财。

五、失意的晚年

1946年,孔祥熙在上海对其财产作认真清理,把能带走的东西尽量转移到香港和国外。1947年夏天,孔祥熙回到了他的老家山西太谷。在太谷,孔祥熙隆重宴请了众亲戚本家,然后与他们挥手告别。待一切准备充分后,他先让夫人宋蔼龄赴美,自己则于这一年秋天来到上海。几天后,孔祥熙向蒋介石及国民党中央发出一电,以"忽接家人自美来电,谓夫人染患恶病,情况严重"为由,不等蒋介石批准,即匆匆买了飞机票,飞往美国。对于辞官,孔祥熙早有准备,已将大部分财产移至海外。长子孔令侃依然在国内做着生意。

1948年,国统区经济面临总崩溃,蒋介石派蒋经国到上海推行金圆券。蒋经国组成2万人的"打虎队",大刀阔斧,虽然打了些"老虎",但是碰到"大老虎"就打不动了,向父亲求援。老蒋经不住宋美龄的"枕头风",让小蒋放过孔令侃的扬子公司。"70多天的努力,已一笔勾销","限价政策"失败,物价飞涨。经济政策失误,也是蒋介石政权垮台的一个重要原因。

孔祥熙到美国后,与夫人宋蔼龄住进了纽约附近的豪华别墅,过着奢侈的生活，连美国富翁也自叹不如。1950年，蒋介石给了他一个台湾"总统府资政"的空头衔。孔祥熙"无官一身轻"，优哉轻闲，其财产足使其夫妇两人无忧无虑地度过晚年。

然而，美国并非他所想象的那样是块安定的无忧乐土。杜鲁门总统得知宋、孔两家在曼哈顿就有20亿美元存款时，对国民党贪官污吏将他们庞大的美援中饱私囊而愤愤不平，气得大骂蒋介石政府里的"贪官坏蛋"，并命令美国联邦调查局开始调查孔家、宋家在美国的财产，并对孔祥熙实施秘密监视。对此，孔祥熙惶惶不可终日。

孔祥熙打通关节，搞了些"证明"，又破例接见记者，编造了一些破产的谎话，神情感伤，似乎真的是一无所有了。这一招果然奏效，联邦调查局的监视、调查不了了之，孔祥熙的危机也随之而解。

1954年，蒋介石在台湾召开第二届"国民大会"。孔祥熙异想天开地想回台湾参加竞选"副总统"。为了谨慎起见，便派前任台湾省主席魏道明先到台北去探察行情。

此时的蒋介石对孔祥熙已不感兴趣，早把这位亡命美国的连襟忘到九霄云外，正在扶植"太子"蒋经国，重新进行人事安排，重用陈诚等人，以辅佐"太子"。这种格局逐渐形成，不可能让孔祥熙介入。魏道明看出苗头，自知不妙，灰溜溜返回美国向孔祥熙复命。

蒋介石为在台湾重整旗鼓，采取了一些革除弊症措施。清理国民党党员就是其一，准备开除长期定居海外的孔祥熙、宋子文等人党籍。孔祥熙得到消息后，通过宋蔼龄，请宋美龄吹"枕边风"，使蒋介石改变了主意。

孔祥熙算是保住了党籍，但复出希望彻底破灭了，这对他的打击很大。从此，孔祥熙不再过问政治，顶多参加一些公益活动。他像变了一个人，一脸老气横秋、万般无奈的神情。随着年龄的一天天增大，孔祥熙思旧与思乡的情绪越来越强烈。他想念故乡山西，可如今那里是共产党的天下，是回不去了。他决计回台湾，他认为回台湾去当个普通的平民，应该不会成问题。

1962年10月，孔祥熙从美国飞回台湾。蒋介石对孔祥熙的到来不冷不热，给他安排了一个"国民党中央评议委员会评议委员"的虚职，就不再理睬他了。孔祥熙大失所望，只好忍气吞声、暂且住下再说。他觉得台湾的生活环境十分亲切，但生活在其中，又感到并不如在美国自由自在和心情舒畅。

2. 因妻而富的孔祥熙

1963年,孔祥熙在台湾过寿

孔祥熙在台湾勉强过了3年4个月后,便以赴美治病为借口,于1966年2月28日离开台湾,而且决心不再回来。当孔祥熙与一些故旧戚友握手道别时,忍不住老泪纵横。

1967年7月22日,孔祥熙起床后,躺在软靠背椅上漫不经心地看报。突然,他感到身体极不舒服,家人急忙把他送往纽约的医院诊治。医生们曾一度稳住了病情。但8月10日又开始恶化,8月16日死于纽约医院,时年88岁。

孔祥熙去世后,蒋介石派宋美龄为代表参加葬礼。同在美国的宋子文因与孔结怨太深,没有参加孔的葬礼。4年后,宋子文去世,大姐宋蔼龄因宋子文缺席丈夫葬礼,也拒绝出席大弟弟的葬礼。可见,宋蔼龄在孔、宋家族矛盾中的态度。

宋蔼龄在丈夫去世后,又孤独地度过了6个年头。1973年10月19日,她因癌症在美国病逝,享年85岁。《纽约时报》这样概括了她的一生:这个世界上比较令人感兴趣的、掠夺成性的居民,就这样在一片缄默的气氛中辞世了。这是一位在金融上取得巨大成就的妇女,其财富仅次于她的弟弟宋子文,她也许是世界上少有的靠自己的精明手段敛财的最有钱的妇女,是撮合宋美龄和蒋介石结婚的推动者,是宋家神话的设计者,是使宋家王朝权力扶摇直上的策划者。

宋蔼龄的葬礼,比起丈夫要简单得多,只有她的儿女和在美国的朋友出席。蒋介石没有派人前往吊祭,宋美龄因病也未能前去送别。

3. 与"雷公老母"相伴的汪精卫

青年汪精卫

汪精卫1883年5月4日生于广东三水（今属佛山），本名兆铭，字季新、季恂、季辛，"精卫"是其在同盟会刊物《民报》上发表文章的笔名，借"精卫填海"之意保持革命精神。汪精卫在孙中山去世后任广州国民政府主席，后在与蒋介石的多次权力角逐中处于下风。他的政治生涯有两次重大转折：辛亥革命前，因刺杀摄政王而声名远扬；抗战期间，因进行"和平运动"，筹建伪国民政府而身败名裂。在汪精卫的一生中，特别是上述两次人生冒险，都有陈璧君的伴随，他俩之间既有忠贞不渝的爱情，也是同流合污的政治投机，而共同落得汉奸骂名。

一、丑女追帅哥

陈璧君，字冰如，原籍广东新会，1891年11月5日出生于马来西亚槟榔屿乔治市，是南洋巨富陈耕基之女。陈璧君15岁时在当地华侨小学毕业，随后进入当地的璧如女校读书。陈璧君聪明好学，学习成绩一直都很好，而且从小对政治十分关心，还在华侨小学读书时，就喜欢阅读进步书刊，受到了民主革命思想的熏陶。当时同盟会马来西亚分会刚刚成立，需要吸收新的成员，几个老会员见陈璧君热情高，活动能力也很强，便将她发展为会员。于是，陈璧君成为同盟会中最年轻的会员。如此小小年纪，满怀革命大志，勇于奉献，使革命同志

3. 与"雷公老母"相伴的汪精卫

为之赞叹,也引得孙中山的注意。

1908年,26岁的汪精卫随孙中山到南洋筹款和宣传革命,在槟榔屿小兰亭俱乐部讲演时,风度儒雅、出众口才,深深吸引了17岁的富商之女陈璧君。经过三年的"女追男"恋情,才貌双全、风华正茂的汪精卫,硬是给肥姐陈璧君追上了,这是一段革命爱情"佳话"。"女追男"在当时不多见,更何况汪、陈两人相识前都已定亲。

二十岁时的陈璧君

汪精卫16岁时,大哥就为他订了亲,女方刘文贞,知书达理、亭亭玉立。汪、刘两人郎才女貌,十分般配。汪精卫怕因革命连累刘家,提出退婚。刘文贞却很痴情,坚决表示"此生非汪郎不嫁"。

陈璧君从小娇生惯养,长大任性骄狂,她的未婚夫是青梅竹马的表兄梁宇皋,两人也很般配。但陈璧君对汪精卫一见钟情,逢汪讲演,必赶到场助威,还劝说生母捐出重金,支持孙中山和汪精卫的革命行动。1908年冬,陈璧君跟随汪精卫赴日,对到码头送别的梁宇皋说:"我们虽说已经订婚了,但何时才能结婚是很难预期的。我如果参加革命,就更不愿早早结婚。如果你另有合意之人,就不必等我。"陈璧君不知是因为革命而爱上汪精卫,还是因为爱上汪精卫而更加投入地参加革命。

年轻时的汪精卫

陈璧君知道像汪精卫这样相貌出众又才华横溢的青年才俊,是不乏追求者的,据说有位槟城佳人就多次到汪住处只求一见。自己长相一般,非貌非才,因肥胖,而落有"肥环"雅号,仅从相貌而言,是难以与汪相配的。陈璧君做事胆大，往往不计后果，她给汪精卫写了封激情四射的求婚信，却被心目中的"白马王子"婉言谢绝了。准确地说，陈璧君相貌一般，只是相对于汪精卫的"帅"来说，而显得"丑"。

陈璧君虽已决意成为汪夫人，但多次主动进攻，却毫无进展，反而成为另一位革命党人黎仲实的追求对象。表面上看，黎、陈二人已经是一对革命情侣，其实陈璧君对汪精卫迷恋依旧。黎仲实觉察后，责怪陈不应该心猿意马。

二、金石为开

陈璧君有的是一股少女的热情和活力，竭力投合汪精卫的心意。汪精卫组织暗杀团，陈璧君不但慷慨解囊，还学习柔道、剑术，积极参加。汪精卫启程北上，陈璧君积极筹款追随，甚至与父母争执。

1913年，（左起）方君瑛、汪精卫、陈璧君与抱着汪文婴的曾醒（坐者）摄于法国

汪精卫在香港认识了革命活动家方声洞的妹妹方君瑛，激起沉没多年热情，两人相见恨晚。但是不久，汪精卫就与情投意合的方小姐告别，离港前往北京，执行革命重任。陈璧君一路追寻着汪精卫，并且立意参加谋杀活动，助汪一臂之力。

精诚所至，金石为开，汪精卫终于被陈璧君锲而不舍的追求所打动，两人感情在革命中突飞猛进，假扮夫妻，虽然艰苦又有风险，陈璧君却乐在其中。汪、陈两人首次的革命"杰作"，就是行刺摄政王载沣，这也是汪精卫最为骄人的政治资本。

行动前夕，陈璧君知道汪精卫第二天将在爆炸中和载沣同归于尽，这将是他们两人的最后一夜。陈璧君拉着汪精卫的手轻声地哭泣，汪精卫本想找一些话安慰她，可是却不知道该说什么好。汪也深

3. 与"雷公老母"相伴的汪精卫

爱着陈璧君,不愿看到陈璧君为了他而失去一生的幸福。两人默默无语,时间一分一秒地过去。陈璧君执意地要将自己的"初夜"献出,汪精卫只好顺从地接受了。婚姻思想传统的汪精卫,知道从此自己将要承担的责任,完全接受了陈璧君。

汪精卫夫妇与晚辈们合影:右起第四人坐者为汪精卫,汪左侧站立的女孩为其长女汪文惺

行刺失败后,汪精卫被清廷判处永远监禁。监狱生活是艰苦的。一天,汪精卫正在苦嚼着难咽的狱食,忽然一个狱卒递给他十个鸡蛋。汪精卫蹊跷地拿着鸡蛋,端详半天,发现一个鸡蛋上面有个小小的"璧"字。原来是陈璧君冒死留在北京,买通狱卒送来了鸡蛋。汪精卫忍不住热泪盈眶,抱着那枚写着"璧"字的鸡蛋睡了一夜。第二天,汪精卫写下血书"勿留京贾祸",传给陈璧君劝她离京。两人的心灵紧紧连在了一起。

陈璧君离京后到了南方,与胡汉民、黎仲实等人共谋营救之策,准备募集一笔款项赴京活动,最终是陈母馨囊为助。由于资金有限,革命者的"赌性"再次暴露出来。陈璧君提出到澳门赌场一搏,竟得到一贯精明的胡汉民同意。一百大洋分文无回,闹出一场笑话。

营救行动均未奏效。武昌起义胜利后,清政府释放政治犯,以缓和人民的反抗情绪。汪精卫死里逃生,重获自由,感到生命可贵,竟对清室产生感恩之情。汪精卫主张孙中山让权给袁世凯,表现出很严重的妥协性。作为助手,汪精卫应该更好地为孙中山分忧。但是汪精卫却在这最需要用人之时,提出"不做官、不做议员、不嫖、不赌、不纳妾、不吸鸦片"的"六不主义",宣言只效力社会,不入政界,拒绝担任广东都督,拒绝在孙中山的临时政府里任职。

汪精卫与陈璧君

袁世凯在北京宣誓就职临时大总统后,电邀汪精卫入京担任高等顾问,也被拒绝。看来,那时的汪精卫确实没什么官瘾,这与后来的一味争权形成鲜明反差。汪精卫缺乏战略眼光、盲目轻信他人、易被软化的缺点已经有所表现,但在陈璧君眼里,依然是个"宝",穷追不已。加上曾使汪精卫心动的方君瑛还在香港,陈璧君怕夜长梦多,想尽快地与汪结婚,以免节外生枝。

1934年,汪精卫、陈璧君与友人在衡山

3. 与"雷公老母"相伴的汪精卫

1912年4月底,汪精卫、陈璧君正式举行婚礼,而此时的刘小姐,却还在痴情等着汪郎。5月17日,汪精卫偕新婚妻子由南洋返回香港,旋往广州,不久又转香港至上海,经南京至汉口。6月4日,汪精卫抵北京,谒见袁世凯,面陈实行民主政治,筹商关于数省联合问题,后于8日到天津乘轮至上海转赴南京。9月,汪精卫携陈璧君一起前往法国留学。

三、绯闻女友

陈璧君如愿嫁给了汪精卫,但她知道汪精卫曾经喜欢过方君瑛,对方君瑛存有戒心。

方君瑛是福州人,曾带着弟弟、妹妹和寡嫂曾醒到日本留学,都加入了孙中山领导的同盟会。后来方君瑛的弟弟方声洞参加黄花岗起义牺牲。方君瑛与汪精卫曾互有好感。辛亥革命成功后,福建省政府要委任方为教育厅长,但她认为参加革命是为救国救民,不是为做官,只接受了做福建女子师范校长的委任。孙中山任临时大总统后,方君瑛与汪精卫、陈璧君夫妇一起去法国留学。

陈璧君比方君瑛小7岁,因听了汪精卫的革命演说,便与母亲卫月朗一起参加同盟会,这在当时传为佳话。陈到日本后,孙中山委托方君瑛照顾她,方视陈如亲妹妹,陈也崇拜这位富有传奇色彩的女杰。

方君瑛与汪精卫、陈璧君,还有曾醒,都是生死之交,他们几家人亲上加亲,关系非同寻常。方君瑛的妹妹方君璧后来还嫁给曾醒的弟弟曾仲鸣。曾仲鸣后来成为汪精卫的秘书。汪精卫夫妇回国协助孙中山先生发动反对袁世凯的革命时,将长子孟晋、长女文惺留在法国,由方君瑛和曾醒照顾。

与汪精卫、陈璧君一样,方君瑛到日本之前由父母包办与王简堂订婚,方认为王思想陈旧,多次向父亲和王本人表示退婚,很长时间未退掉,让她倍感困扰。

1923年1月,方君瑛与曾醒一起回国,应邀担任广州朱执信纪念学校校长。但不到半年,方还没上任就在上海自杀了。绝命前数日,方君瑛对卫月朗说:"我今无牵挂,随时可死。"卫以为她是随便说说,便说:"爱你之人如何?"她答道:"渠(他)等哭数日就无事。"在汪精卫走后第4天,6月12日夜,方君瑛吞下大量鸦片,送到医院抢救已来不及,14日去世。

时任广州国民政府主席的汪精卫

一个坚定的革命者何以走上绝路?是否为情所困?

据说方君瑛回国后看到"社会腐败不可救药",痛感现实与理想反差太大,无能为力,"一班从前之革命同志,亦因地位享受问题,大部分变了气节","与满清官僚的腐败无大分别"。家事也不顺,钱被两个福建同乡借去后迟迟未还,与王简堂的婚约摆而不脱,也不顺心。加上离开法国前遭遇一次严重车祸,头部被撞伤,留下头疼后遗症,挣扎多日,最后走上了绝路。如果汪精卫、曾醒等人当时在方身边,可能情况会好些。

1935年11月,汪精卫遇刺受伤

3. 与"雷公老母"相伴的汪精卫

方君瑛最后一次见汪精卫是当年6月8日,当时汪在天津见张作霖后赴广州向孙中山汇报,途经上海。汪匆匆离开时,方君瑛送至门口,站了许久,挥泪而入,家中佣人当时看见却没有留意。汪精卫在信中还沉痛自责,"呜呼,自(民国)元年以来,我等结合成一家庭,感情浓挚,有逾骨肉",他后悔不该召方君瑛回国,后悔回国后没有好好给予照应,"今则七姊竟死矣!兄非惟无以对七姊,且无以对诸弟妹,神明痛苦莫可言喻"。

也有传言,说陈璧君大骂方君瑛是个婊子,在许多朋友中羞辱她。方君瑛从来没受过这种侮辱,上吊自杀了。

其实汪精卫与方君瑛之间是革命志士间的纯真友情,而非情恋。汪陈夫妇"是忠诚和恩爱的"。陈璧君虽对方君瑛存有醋意,但也不会置其于死地,这从汪、陈与方君璧、曾仲鸣等人的关系得到佐证。汪精卫与陈璧君的长子字文婴,"婴"与"瑛"同音,长女汪文惺名字中的"惺"与"醒"同音,就是为了纪念方君瑛和曾醒。

四、"雷公老母"

陈璧君不但在感情上主动出击,在政治上也喜欢为汪决断。陈璧君因为较早投身同盟会,也是国民党元老。汪精卫性格懦弱,对夫人礼让三分。陈璧君感受到汪的弱点后,更加恣意任行,甚至以保护人自居,对汪的许多事情横加干涉。汪精卫慢慢地倒习惯了。

汪精卫坐飞机出访

孙中山去世后，汪精卫出任国民政府主席。蒋介石想和汪精卫"结拜"把兄弟。陈璧君瞧不起政治暴发户，不喜欢蒋介石，认为蒋不配与汪平辈论交。有一次，汪精卫给蒋介石写信，才写了开头"介弟"两字，陈璧君见了就大发雷霆，对汪说："你愿意做他把兄，我还不愿做他把嫂呢！"汪精卫从此再也不敢在陈面前称"介弟"了。"结拜"之事作罢，搞得蒋介石很没面子。

对于丈夫与异性，特别是美女的交往，陈璧君管得更严。1930年代，汪精卫曾请有"美人鱼"之称的泳坛名将杨秀琼为火车轮渡剪彩，并待以尊贵的客人之礼，招待她寄寓在其时南京最上等的旅馆中央饭馆内。剪彩仪式后，杨秀琼搭着汪精卫的胳膊偕行，且边走边笑谈，显得很是亲热，而且上了车，汪精卫又把杨秀琼先送到居所再回家。汪精卫尚未到家，其一举一动早已为"悍妻"陈璧君所知。第二天，汪精卫的脸上就多了几道汪太太"犒赏"的血痕。有人据此创作漫画《观鱼图》讽刺汪精卫想入非非，面对美人鱼只能望洋兴叹。

1939年12月，陈璧君出席完伪中央陆军军官训练团开学典礼后步出训练团大门

蒋介石大权在握后，陈璧君嫉妒宋美龄"第一夫人"的风采，为老公汪精卫重返"第一把交椅"出谋划策。在汪精卫叛逃举棋不定之时，推波助澜。汪精卫当了汉奸之后，陈璧君虽在汪伪政权中没担任什么要职，却在幕后操纵，有"慈禧"之称，也有人称之为"雷公老母"。她的胞兄陈耀祖是伪广东省长，侄子陈春圃是伪建设部长，其他亲族

3. 与"雷公老母"相伴的汪精卫

陈国奇、陈国宝等均居要职,故有"汪家天下陈家官"之说。在汪伪政权中,陈璧君私人势力为"夫人派"或"公馆派",与汪精卫的"先生派"、陈公博的原改组派、周佛海的"湖南派",各代表一部分汉奸,钩心斗角。

有人说:"汪先生没有璧君不能成事,没有璧君亦不能败事。"其实,还是汪精卫自己太软弱,连自己的妻子都管教不好,又怎么能治国平天下?

1940年3月30日,汪伪政权粉墨登场,陈璧君在汪精卫身后

汪精卫当上日本侵略者的傀儡,既是伪国民党的"主席",又是伪国民政府的"主席"。升格为"第一夫人"的陈璧君,不仅有"主席"夫人的光环,还是伪国民党中央监察委员,她不满足从属于丈夫的荣耀,想显示出自己独有的地位和权力。陈璧君常常为一些小事大发脾气,不顾情面、出语伤人。

汪精卫"视察清乡"风光一时。陈璧君在"清乡"机构中并不任职,却也要张扬一下"要员"身份去"巡察"。在苏州的那次"视察",她既不听报告,也不参加会议,只是沿着汪精卫走过的路线转了一圈,让记者拍照片,发新闻,临走时带了不少古玩回南京。后来干脆以"监察委员"去"视察"。沿线标语不再写"夫人",一律写"陈委员"。神气十足,享乐十足,最后还带着满车厢的土特产、受赠礼品满载而归。

汪精卫视察部队

陈璧君权力欲望极强,不但在"中央"扩张个人势力,还想染指广东。陈璧君弟弟陈耀祖、侄子陈春圃、妹夫褚民谊先后"主政"广东,她自己有一个特别头衔:"广东政治指导员"。陈璧君成了广东省的"太上皇"。陈璧君在广东大肆敛财,广收古玩。求官求荣者都纷纷投其所好。

1942年,汪精卫赠送给日本海军大佐岛津信夫的亲笔签名照。
相片中汪精卫领衔南京伪国民政府特级上将军衔

五、同落"汉奸"骂名

1944年,汪精卫因旧伤复发,被送往日本医治。11月10日,日本正式宣布汪精卫的死讯,有人认为这个日期可能有假。汪精卫的死因、死期至今仍是一个谜。有人认为是日本人延误治疗,也有人认为是军统特务下毒而死。但有一点可以肯定,是没有得到良好的治疗,被折腾死的。这也符合了汉奸不得好死的古训。抗战胜利后陈璧君没能逃脱历史的审判,不但拒不认罪,还为汪精卫的叛国行为辩护。

1949年9月,中国人民政治协商会议在北京举行。会议期间,与陈璧君私交很深的宋庆龄与何香凝找到毛泽东、周恩来,特意为陈璧君说情,请求特赦陈璧君。毛泽东同意了这个请求。他说:"陈璧君是个很能干、也很厉害的女人,可惜她走错了路。既然宋女士、何女士为陈璧君说情,我看就让她写个认罪声明,人民政府下道特赦令,将她释放。"当晚,宋庆龄与何香凝经过一番斟酌,由宋执笔,给陈璧君写了一封辞情恳切的信:

变节投降后的汪精卫

陈璧君先生大鉴:我们曾经在国父孙先生身边相处共事多年,彼此都很了解。你是位倔强能干的女性,我们十分尊重你。对你抗战胜利后的痛苦处境,一直持同情态度。过去,因为我们与蒋先生领导的政权势不两立,不可能为你进言。现在,时代不同了。今天上午,我们晋见共产党的两位领袖。他们明确表示,只要陈先生发个简短的悔过声明,马上恢复你的自由。我们知道你的性格,一定难于接受。能屈能伸大丈夫,恳望你接受我们的意见,好姐妹,殷切期待你早日在上海庆龄寓所,在北京香凝寓所畅叙离别之情。谨此敬颂大安。庆龄(执笔)香凝 1949年9月25日夜于北京

陈璧君回信婉拒宋庆龄和何香凝的善意,大意为:

共党要我悔过,无非还是持蒋政权的老观点,认为我是汉奸。汪先生和我都没有卖国,真正的卖国贼是蒋介石。这不用我历数

事实,二位女士心中有数,共党心中有数。正由于二位知道我的性格,我愿意在监狱里送走我的最后岁月。衷心感谢你们对我的关心和爱护。

1952年,宋庆龄和何香凝专程去监狱探望陈璧君。陈璧君于1959年6月17日病故于提篮桥监狱医院,终年68岁。

全国各地曾有许多汪精卫、陈璧君夫妇的跪像。最著名的是重庆磁器口的汪陈跪像,同时刻有一块《汪逆夫妇跪像志》碑,碑文为:"相彼夫妇,汉奸之尤,民众公敌,举国同仇。男名精卫,汪家败类,妇曰璧君,陈门妖魅。认贼作夫,卖身倭奴。斫石肖像,跪诸道途,人人唾骂,万类见羞,臭闻当世,污流千秋。"

1946年,汪精卫之妻陈璧君在苏州法庭受审

4. "山西王"阎锡山

阎锡山字百川,号龙池,1883 年 10 月 8 日出生于山西省五台县河边村一个以经商为主的小地主家庭,9 岁入私塾,早年去日本学军事,在东京加入中国同盟会。1909 年毕业于日本陆军士官学校,回国后历任山西陆军监督、新军标统,参加反清活动,组织与领导了太原辛亥起义。民国时期,历任山西省都督、督军、省长、北方国民革命军总司令、国民党中央政治委员、军事委员会副委员长、太原绥靖公署主任、第二战区司令长官、山西省政府主席、国民政府行政院院长、国防部部长,一级上将。解放前夕去台湾,1960 年病逝台北。阎锡山奉行"中庸哲学",从辛亥革命开始统治山西达 38 年之久,人称"山西王"。阎锡山一生中有元配夫人、二夫人、"五妹子"三位女性照顾着,生活还算安稳。

1911 年,被推举为山西都督的阎锡山

一、没有生养的元配夫人徐竹青

1897 年,14 岁的阎锡山辍学,随父阎书堂到五台县城内自家开设的吉庆长钱铺学商,参与放债收息及金融投机。作为长室独子,阎锡山除了被父亲寄托光宗耀祖、发家致富厚望外,还承担着传宗接代重任。同年,身体尚未发育完全的的阎锡山就在父亲的安排与催促下,与距离他家 10 里路的大逢村人徐竹青结婚。婚后夫妻两人感情

年老时的徐竹青

很好,但夫人没能生育却是遗憾。

1900年,阎锡山在一次投机中惨败,负债不少,与父亲二人被迫逃往太原躲债。金融投机生涯虽然短暂,但却为阎锡山后来进行政治活动积累了原始经验。

1902年,在太原当店员的阎锡山,考上了山西武备学堂学军。1904年被保送到日本留学,先入东京振武学校,毕业后入日本陆军士官学校第十六期。在资产阶级民主革命思潮的影响下,他于1905年10月加入同盟会,曾会见孙中山并参与制订了同盟会的"南响北应"战略决策,即同盟会在"南部各省起义时,须在晋省遥应"。从此,阎锡山登上了政治舞台。

1909年,26岁的阎锡山毕业回国,初任山西陆军小学堂教官、监督。当年底,奉召赴京参加陆军部举办的留日归国士官生会试,考列上等,被赏给陆军步兵科举人并授予协军校军衔,后在几个月内即升任山西新军标统(相当于团长)。在此前后,阎锡山同其他同盟会员秘密进行革命活动,将山西新军的领导权基本上掌握在同盟会员和革命同情者的手中。

阎锡山是个会打"算盘"的精细人,八面玲珑,决不贸然得罪人,常常"脚踏两只船"。每遇到事情,只有胜算把握时,才会表示态度,采取行动。1911年10月29日,山西起义军加入反满复汉的辛亥革命,杀了山西巡抚陆钟琦及其子陆光熙。阎锡山在这一仗中带着亲信躲在树丛中观望,心想:如果起义成功,他跟进的部队可以参与邀功;如果失败,造反的责任可推到别人身上。其后,阎锡山被军政府公推为都督,开始了对山西的统治。

1914年,阎锡山已成为山西大都督。当时太原政界动荡,波折不断,袁世凯篡政后,派亲信监督阎锡山。阎表面忍气吞声,暗地却另有谋划,伺机行动。山西正值内忧外患,民众苦不堪言。阎锡山另外还被一件家事困扰着。

从1897年与徐竹青结婚已有17个年头,婚后夫人一直未能生育。30出头的阎锡山没有一儿半女。不孝有三,无后为大。作为独子的阎锡山,没能摆脱封建束缚,迫于压力决定续弦。阎锡山对夫人徐竹青是有感情的,阎府内有一对联"竹青四时真味在,莺芳一室古香存",即可见一斑。

阎锡山没有好色之癖,续弦只为传宗接代。经过协调,徐竹青早先还能与"二夫人"同处共居,和睦相处。但时间一长,终究容易产生矛盾,阎锡山便与徐竹青正式分居。阎锡山渐渐淡化了与徐竹青的感情,但他是一个做事周全的人,唯恐徐想不开而生出其他事端来。阎对徐竹青还是关怀备至,经常派她代表自己看望长辈,参加婚丧嫁娶、社会活动,让她出头露面。

1928年12月12日,阎锡山携徐竹青赴南京参加编遣会议,受到蒋氏夫妇的热情接待。新婚不久的宋美龄第一次接待地方大员的正妻,格外用心,与徐相处极为友好。

徐竹青与"二夫人"偶有矛盾,也能在丈夫的调解下圆满化解,全家相安无事。徐竹青后来跟随阎锡山到了台湾,1970年3月21日,在丈夫去世十年后病逝于台北,享年88岁。

二、续弦徐兰森

1914年,阎锡山的大同籍侍从副官长李德懋奉阎父之命,专程回大同为阎锡山寻找"身体健康,能生养的姑娘"。大同城姚家角许琨猷之女,自幼聪慧好学,招人喜爱,在女子学校就读,不仅知书识礼,针线、女红无所不精。正值14岁妙龄,出落得亭亭玉立,清纯美丽。许琨猷与李德懋很快商定许阎结亲之事。不久,许女随李德懋离开大同,踏上赴阎锡山老家定襄县河边村之路。

许姑娘来到阎锡山身旁,没说几句话,阎就喜欢上了这个连眼睛都会说话的大同美女。他俩于12月1日完婚后,阎锡山让她坐上马拉轿车,去大建安后

年轻时的徐兰森

茶窑徐竹青的娘家认亲。徐家张灯结彩,热烈欢迎。许女向徐竹青父母行罢跪拜大礼并认为干爹干妈,认徐竹青为姐姐。徐父高兴地

给她改姓为徐,名兰森,字苗圃。婆母为徐竹青和徐兰森宣布阎书堂的家规:两人以姐妹相称,竹青为长,兰森为幼;兰森生的孩子,要称竹青为妈,兰森为姨。还嘱咐她们:我和你爹在,要听你爹和我的话。我们不在,要听竹青的话。徐竹青满心欢喜,笑逐颜开;徐兰森满口应承,连连点头。就这样,家庭难题看似迎刃而解,且多方受益。

徐兰森不负厚望,一口气为阎家生了五男一女,六个孩子。长子志恭、次子志宽、三子志信、四子志敏、五子志惠,一女莉莉。抗日战争爆发前夕,阎锡山的如夫人徐兰森及孩子们一直住在名为"上将军府"的院落。阎锡山从外归来,住这里居多。

1930年,上海英文报纸《字林西报》刊登出一幅漫画:阎锡山身着长衫马褂,头戴瓜皮小帽,一边拨拉算盘一边念念有词:今天又进多少钱?他的公众形象是:精明、算计。就在这一年,蒋阎冯中原大战,阎以失败而告终,先逃往大同,再到天津,后落脚大连。徐兰森携奶妈和两个孩子,在专人护送下一路相随。1931年"九一八事变"后,她辗转回到河边村。

阎锡山怀抱孙子树楹,与徐兰森同二子志宽(后右)、
二媳赵绣锦(后左)、四子志敏(中右)、
五子志惠(中左)及志宽女树榕(前左)合影

4. "山西王"阎锡山

对于徐兰森生育的孩子,徐竹青宠爱有加,视若己出。有次,徐竹青从外地归来后,听见四子、五子背着自己称徐兰森为妈,大为恼火。盛怒之下,与阎锡山大闹一场,还打烂几块玻璃。阎氏父子多有偏袒兰森之意,就此,两位夫人产生矛盾,阎锡山与徐竹青分居。

短短几年时间,情况发生变故。1934年11月8日,蒋介石第一次来太原。蒋此次太原之行,主要目的是与阎锡山重归旧好。因为此时的阎锡山已成为日本人和西南反蒋势力争取的重要人物。宋美龄由阎锡山的如夫人徐兰森陪同,游览太原市景。她们顺路走到阎锡山部下王靖国公馆门前时,徐兰森请宋美龄进屋稍作休息。

王靖国的老母亲一听蒋委员长夫人大驾光临,连忙带着满门老幼及奴仆杂役,在院坝上齐刷刷跪成一片,皆不敢抬头仰视当朝皇后。宋美龄惊得面红耳赤,手足无措。她万万没想到在满清王朝已被推翻20多年后的今天,山西人还会以如此庄重礼仪接待她!

虽礼仪隆重,王母却不知如何说话是好。她偷偷打量了一下雍容华贵、气质高雅的蒋委员长夫人,怯生生地开口道:太太是当今的皇后娘娘,花不完的钱,享不尽的福。说甚都好,可就是少个娃娃。

徐兰森(前中)与五子阎志惠(前左一)、四子阎志敏(前右一)、
二媳赵绣锦(后左)、二子阎志宽(后右)合影

徐兰森瞟她一眼，赶忙补漏：没娃娃也不要紧，定襄七岩山上有个捞儿洞，可灵验哩。花上三元钱，在水里捞上一捞，三元开泰，回来准能捞个带把儿娃娃。你若抽不开身，我明日就帮你去捞一个。

闻听此言，从小接受西方教育，已将中国封建文化形成的陈腐观念抛到九霄云外的宋美龄逗得前俯后仰，大笑不止。徐兰森的机智聪慧、随机应变，从此事可窥见一斑。

"七七事变"发生后，阎锡山忙于抗战，将家小送于四川成都灌县。1940年徐兰森先期回到山西克难坡。抗战胜利后，徐兰森任山西儿童保育会会长，但实际事务由"五妹子"阎慧卿负责办理。1947年她又兼任太原慈惠医院院长，许多会议，由秘书代拟讲稿，她到会宣读。

遗憾的是徐兰森在1948年2月9日因心脏病突发猝死，终年49岁。阎锡山对爱妾的离世非常悲痛，亲书挽联：上有老，下有小，责任未尽身先逝；左无从，右无和，余缘未尽影空留！

徐兰森与阎锡山相伴的岁月，是阎走向顶峰之时，辉煌之日；徐兰森死后，阎锡山开始走人生的下坡路了。

三、"五妹子"阎慧卿

阎锡山不好女色似乎人所尽知，但在民间却广为传说他与"五妹子"阎慧卿的绯闻逸事，并将阎慧卿说成参与军政大事，幕后操纵山西政局的铁腕人物。其实，"五妹子"确有其人，但非铁腕人物。

阎慧卿，乳名五鲜，生于1910年，比阎锡山小27岁。系阎锡山叔父阎书典第三个妻子曲氏所生，在阎书典五个女儿中排行第五。按辈分，阎慧卿是阎锡山的堂妹，人称"五妹子"或"五姑娘"。因其乳名五鲜，阎锡山叫她"五鲜子"。

阎锡山担任都督后，在其家乡河边村办起育英女子学校时，"五妹子"

阎慧卿

4. "山西王"阎锡山

才在12岁时念了几年小学,后在太原入教会加入女子学校学习,所以,她基本上是个识字不多的家庭妇女。

阎慧卿的第一个丈夫曲佩环,也是河边村人,曾留学日本,后任榆次晋华纺织厂经理,早年病逝。"五妹子"的第二个丈夫是梁蜓武,系民初山西咨议局长梁济善的孙子,高级顾问梁上栋的侄子,清华大学毕业后留学日本,爱好文艺,担任过省府社会处长、战区党政委员会秘书长等职务。他对阎慧卿并无感情,直言宣称"政治夫妻",以为阎锡山从事政治经济活动为由,长期居住在外地,在北京和上海另筑香巢。因此,阎慧卿的家庭生活是很不幸的。这也是她日后把全部精力投入到照看大哥阎锡山生活起居的重要原因。

阎慧卿虽然没读过什么书,相貌也极为普通,而且有些"龅牙",但精于心计,善于察言观色,对阎锡山喜欢听的就多说,不喜欢听的则绝对不说,阎高兴时,便讲些笑料事,为阎开心,阎愁闷时,又讲些家乡的风土人情,为阎解闷。她对阎的生活起居安排得极为周到,衣服、被褥该洗该换、该多穿少穿、穿什么戴什么都安排得合乎阎意。因此,阎慧卿得到阎锡山的喜欢。

1947年的阎锡山

抗战时期,阎锡山在克难坡时精力很好,他常常边吃边想,思维活跃。有时不免食多伤身,引发病疼。为此,医护人员十分发愁,换了不少人监食,从侍从到夫人,都没有效果。最后只好就换成阎慧卿负责监食。"五妹子"接受过去的教训,采用限食的办法。每到吃饭时,她就坐在炕桌前,看着阎锡山吃,见他吃多了,如果劝不住,就将饭夺过来,命令副官把饭菜端走。为了调节饮食,除经常亲自过问主副食外,阎慧卿还经常让厨房做些家乡饭点。阎锡慧监食以后,阎锡山饭量比较均匀了,也很少胃疼了,大家都高兴,尤其是侍从医生更减轻了思想负担。于是,监食重任就由阎慧卿长期担任。

除照看阎锡山吃饭外,阎慧卿还为阎锡山掖被、捶背,直到阎锡山睡着,她才熄灯,与侍卫长退出卧室。阎锡山觉得"五妹子"料理自己的生活起居，比谁都合适。抗战胜利后，二夫人徐兰森因心脏病猝发突然去世后，照看阎锡山生活起居的重任就完全落到阎慧卿身上。

1947年，阎锡山与两个儿子合影

从抗战开始，阎慧卿先后担任过"战时儿童保育会山西分会"主任，"山西女子助产学校"校长，"太原慈惠医院"院长，国民党"国大"代表和同志会妇工会主任等职。因为文化不高，她一般不参与活动，必须参加时，均由秘书先拟出讲稿，她在会上宣读，实际上只是一些挂名职务。而且，她很少与人往来，绝非政治上参与主宰山西政局的活跃人物。

不过，由于在阎家的特殊地位，阎慧卿为他人讲些情面之类的事也是有的，如假阎之口，安排私人关系工作。又如解放前夕，梁化之要杀害共产党员赵宗复（赵戴文之子）时，她连忙劝说："老汉（指阎锡山）在（太原）的时候都没有处理，你为啥要处理他？老先生（指赵戴文）就这么个苗苗，还能这么做？老先生怎样对待你来？"结果，杀害赵宗复的事便搁置下来。

4. "山西王"阎锡山

1948年,困守太原的阎锡山

1949年3月29日,太原解放前夕,阎锡山接代总统李宗仁电请要到南京商议和平谈判之事。临行前,部下分析,阎这次离开太原,一定不会再回来,必然要带"五妹子"出走。想不到临走时,阎却对"五妹子"说,"我去不了几天,少则一个星期,多则十来天就回来,你就不要去了。""五妹子"信以为真,便留在太原。其实,阎锡山留她下来是稳定军心。

1949年4月,阎锡山在南京

1949年4月24日凌晨,共产党入城,梁化之与阎慧卿在太原绥靖公署钟楼下面具有防空设备的居室里服毒后,命卫士将二人尸体浇汽油焚烧,化作灰烬。太原战役,成为国共内战期间,历时最长、参战人员最多、战斗最激烈、伤亡最惨重的城市攻坚战。戴笠曾说:"中国最难对付的是山西九尾狐狸阎锡山,从清朝到民国,他占据山西,闭关自守,成了土皇帝……"不过这次,阎锡山终于失去了老巢。

1949年,阎锡山赠友人的照片

1947年,阎锡山的全家福

有人喜欢将阎锡山与阎慧卿之间渲染成那种暧昧关系。其实,阎锡山从小接受的是纯粹的封建伦理教育，作为家族支柱，对亲属、子女要求严格，更是不会对堂妹"下手"的！娶二房只是为了子嗣，并非好色，再加上阎慧卿只是个村妇而已。因此，他们两人的男女关系应是清白的，不过因为是自家人，阎锡山对阎慧卿是信任有加的！

1949年，阎锡山从河西红沟机场飞往南京，送行的只有梁化之和阎慧卿

四、台湾岁月

对于兵败大陆，阎锡山早有准备。从1948年，阎锡山开始就把亲人分批转移到上海。他送走了他敬重的继母，他结发的妻子，他的儿子、女儿、儿媳……直到最后，都没有带走心爱的堂妹"五妹子"。他们堂兄妹之间应该是骨肉手足情深。阎锡山信誓旦旦要与太原共存亡时，只有"五妹子"深信不疑。

太原失守后，阎锡山"及时"地辗转南京、台湾、广州。6月13日，阎锡山就任行政院长兼国防部长，秉承老蒋意思组成"战斗内阁"誓死反共。丧失山西老巢，手上无兵无将的阎锡山，在广州政坛上的日子并不好过。蒋系、桂系军权掌握不了，国防部长并无军权。

失去了"枪杆子"的阎锡山只好动起了"笔杆子"，洋洋万言，连篇累牍，直到解放军向两广发起总攻，广州岌岌可危之时，国防部长还在纸上谈兵。"战斗内阁"成了"收容总署"，收容残兵败将、安排遣散、裁并机构。老阎忙得焦头烂额，也无心写作了，从广州逃到重庆，再到成都，最后像个票务员似的向民国大佬们发放逃跑机票。

1950年的阎锡山

阎锡山不甘心自己的彻底失败，为了安慰自己和进一步欺骗世人，大肆宣传以梁化之为首的"太原五百完人"殉城神话。阎锡山逃到台湾后，通过行政院拨款新台币20万元在台北园山建立"太原五百完人成仁招魂冢"，并亲撰"太原五百完人歌"。

阎锡山是一个非常孝顺的人，因为从小失去亲娘，受到继母陈秀卿备至关怀。阎锡山对一生没有生养的继母，十分孝敬，从不惹她生气，甚至磕头赔罪，可见孝心至真，亲情至切。其继母安度晚年后，病逝于台湾。梁化之的祖母与阎锡山继母是亲姐妹，因此受到阎的重用。

作为国民党退败台湾前的最后一任行政院长，阎锡山收拾的是一个烂摊子，因为不是老蒋嫡系，抵台后很快就被陈诚所替代。想起与老蒋早年的过节，阎锡山接过"总统府资政"聘书，接受"休息"的安排，在阳明山找了块地，搭了个"菁山草庐"，对外号称"十年隐居，十年著作"。

经过几翻起伏的阎锡山开始显出"圣贤"风范，不断接受政府显要、军政首脑、学者教授、实业巨子，甚至神甫牧师的访寻，摆出天文地理无所不知的架势。老蒋先对阎锡山摆出的空架子不屑一顾，但听到老阎发表"传子不如传贤"的高论，便派部下传话："阎先生少发些空泛议论。"不准议论，那就专心写作吧，老阎可能自己都没发现有作者的"天分"，十多年间，竟写了二十多种书，什么《世界和平与世界大战》、《收复大陆与土地问题》等等，大多陈词滥调，在书店用作压仓。阎锡山看到老蒋也不喜欢自己的书，开始转向撰写《读史感想》、《三百年的中国》、《读书选录》之类，力争"立德立功立言"俱全。

4. "山西王"阎锡山

医生也不主张阎锡山如此写作,但老阎锲而不舍,终于倒在书桌旁,于1960年5月23日去世,享年78岁。老蒋为阎锡山举行了隆重葬礼并亲往致祭。按照阎锡山遗嘱,灵前和楹柱上贴了他生前写好的两幅自挽联:"避避避,断断断,化化化,是三步功夫;勉勉勉,续续续,通通通,为一等事功。""摆脱开,摆脱开,粘染上洗干净很不易;持得住,持得住,掉下去爬上来甚为难。"横批分别为"朽嗔化欲"、"努力摆持"。许多人对两联感到莫明其妙,不知所云,认为是老阎临终还故弄玄机。其实观其一生,解其个性,两联就不难理解了。

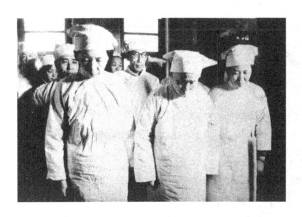

阎锡山去世后,徐竹青率家属送殡

5. "民国外交第一人"顾维钧

顾维钧的好命,要从他还是胚胎时说起。当时其父顾溶失业在家,怀孕的母亲看着家中的两个幼子和不满两岁的女儿,觉得家中已无力再承受新添人口,就服下了堕胎的中药。好在顾维钧命硬,没有受到影响,不但如期于1888年1月29日出生,还给家庭带来了好运。父亲当上了招商局一条船的帮账,家境从此开始好转,搬进上海一幢气派的石库门房子里。不久,父亲又有了官运,出任上海兵备道财政主管。

1911年时的顾维钧

顾维钧个头不高,充满着灵气,1904年8月,在老学长施肇基带队下,与孙嘉禄等人踏上了赴美国求学的征途。顾维钧以优异成绩和出众能力,成为在美留学生中的佼佼者,当选纽约中国留学生联谊会主席。在1906年初,作为中国学生代表,与中外官员一起欢迎清政府来美考察立宪政体的五大臣一行。顾维钧在美期间,展现出出色的社交和辩论才干,选择了政治和外交专业,继续深造。

学成回国后,就能找到令人羡慕的工作,初为袁世凯秘书,而后五年内七任总长,六掌外交部,一掌财政部,两任揆阁,其中一任摄政内阁。1927年,顾维钧做了五个月零三天的摄阁总理。1931年出任南京国民政府外交部部长。1932年任东北收复失地委员会委员长,代表中国政府参加国联李顿调查团,向调查团提供有关日本侵华之罪证,同年出任驻法国公使,并任中国政府出席国联大会代表,1934

5. "民国外交第一人"顾维钧

年任海牙常设仲裁法庭仲裁员,1935年任中国政府出席国联大会的首席代表,1945年任中国驻联合国筹备委员会首席代表,代表中国政府在《联合国宪章》上签字。1946—1949年任驻美国大使兼驻联合国中国代表团团长,被誉为"民国外交第一人"当之无愧。顾维钧的情感生活中,交织着四位系出名门,却性格不一的女人,伴随着他不平凡的一生。

一、情如兄妹的"仪式"夫人——张润娥

准确地说,顾维钧与第一位夫人张润娥的婚姻有名无实。

1908年初,在美国读书的顾维钧突然接到父亲的来信,要他回国结婚时,才想起自己在12岁定过亲,未婚妻是上海名医张骧云的侄孙女张润娥。

上世纪初,上海滩民间有句俗语"得了伤寒病,去找张聋子",这张聋子指的就是名医张骧云。张家是中医世家,张润娥的父亲医术也很高明,常到顾府出诊。张大夫为顾家小少爷顾维钧诊病时,觉得这个小家伙聪颖过人,十分欣赏,想到自己的独生女,便萌联姻之意。两家门当户对,两人八字相投,经媒人撮合,双方父母拍板,12岁的顾维钧就与10岁的张润娥订了亲。

订婚那天,穿上崭新长衫和马褂的顾维钧,再戴上瓜皮帽,像个小大人似的,看着长辈亲戚们大包小包地拎进门,又将贴着红喜字的聘礼往外抬,忙里忙外,来来往往地走个不停,觉得还挺好玩的。后来,顾维钧接受新式教育,一心于学业,也就将这事忘了。现在父亲提起这事,顾维钧已经不是当年娃娃了,怎会任由父母摆布,与没有接触过的什么张小姐结婚?

父子经过数通信函往还,加上大哥的劝说,把张小姐狠狠地夸了一遍。本想一拖了之的顾维钧于百般无奈中作了让步,同意假期回国探望双亲,但声明不结婚。父亲表示谅解且"决不强迫"。

顾维钧利用暑假时间回国探亲,不料父母双管齐下,软硬兼施。母亲好言劝慰,顾维钧寸步不让,气得父亲拂袖而去,闭门不见家人,以拒食示威。大哥不得不一面破窗而入慰藉父亲,一面再度劝诫顾维钧。面对父母情之拳拳,长兄言之殷殷,顾维钧心软了。他忧心父亲绝食万一不测,自己将无颜处世。为博父母欢心,保全他们的面

子,他表示"愿意在形式上结婚"。父母闻言大喜,心想什么"形式",一旦生米煮成熟饭,岂能返饭为米?父亲当日进食,并令家人准备婚礼。顾维钧是咬文嚼字的,他反复强调,只是履行一个仪式而已。

结婚那天,宾客云集,鞭炮齐鸣,十分隆重。顾维钧看着浩浩荡荡的迎亲队伍,有了一种被愚弄的感觉,愣愣地呆坐着,直到快拜堂了,还没有穿上新郎服。大哥好不容易带上家人才把顾维钧穿戴好,推到大堂披着盖头的新娘旁边。

拜过天地后新人要互拜。新郎、新娘双方早都有人耳语警示,互拜时不要急于向对方跪拜;因迷信说法,先拜的一方将来要受到对方的控制。结果,司仪呼磕头时,双方对峙而立,谁也不肯先行。僵持许久,最后都只是弯腰作罢。

更令人想不到的是,洞房花烛夜时,新郎却失踪了,搞得全家沸沸扬扬。躲在母亲房中的顾维钧最终还是被大哥发现了,虽然自己强调是"仪式结婚",还有母亲的袒护,但都抵不过父亲及众人的劝说。最后,在母亲的恳求下,顾维钧不得不回到新房里。

房间里只剩下两人,顾维钧打量着自己的"仪式新娘",楚楚动人,那双三寸金莲已打上封建牺牲品的烙印,不由地将怨恨转变为同情。顾维钧从床上抱起一份枕褥要睡躺椅,张润娥意外之余,真心相请。最后,两人和衣同床而卧,中间那道无形界线,两人都没有逾越。

就这样,两人相敬如宾地度过了三个月,顾维钧要赴美国继续深造了。父亲令他携妻子同行。顾维钧不悦,申辩无果。父亲告诫他,张润娥是张家独女,要对她负责。顾维钧无第二条路可走,只得携张润娥赴美。在赴美途中,两人终于有了长谈的机会,他告诉她,女性也应独立,走自己的路,她认真地听着,仿佛要重新认识世界。两人不再感到拘谨,有了一种兄妹的感觉。

到美国后,顾维钧通过朋友把张润娥寄居在费城一对慈祥的德国血统老夫妇家,补习英文,自己每周都尽量从纽约赶去看她,帮她学习,陪她看电影、逛公园。婚姻的未来,是两人小心绕过的生活暗礁。

1909年秋,顾维钧终于提出协议离婚。一切水到渠成,两人到领事馆申办了离婚。1911年,他们签了离婚协议,"以极友好的态度彼此分手"。一场封建包办婚姻造成的悲剧终于落幕,顾维钧在如释重负的同时,也感受到女性受到的伤害更为深重。张润娥后来出家为尼。

顾维钧晚年回忆时,仍感慨地称赞张润娥宽容、豁达、忍耐和天真、纯朴。

二、一心支持丈夫的贤内助——唐宝玥

1912年4月,以优异成绩毕业的顾维钧来到北京,经唐绍仪介绍拟任总统府秘书兼内阁秘书。当时,袁世凯已接替孙中山就任民国临时大总统,唐绍仪本与袁世凯是拜把兄弟,私交甚笃,被任命为首届内阁总理。袁世凯也很看重顾维钧这个留洋博士,甚至于连纳婿的念头都有。

1915年,顾维钧与第二任妻子唐宝玥在赴美国途中,其时顾维钧出任驻美公使

顾维钧毕业回国即入职国家决策中枢,受到重用,主要缘于唐绍仪的赏识。1908年,唐绍仪以清廷特使名义访美,向美国政府部分退还庚子赔款一事致谢,同时还肩负磋商东三省借款和谋求中、美、

德三国联盟问题。唐绍仪返国前夕,发函邀请40位在美留学的学生代表作为他的客人访问华盛顿。此举一为鼓励莘莘学子好好学习,将来报效国家,二是物色杰出人才,日后好引荐他们回国服务。当时顾维钧已崭露头角,任全美《中国学生月刊》主编,能言擅写,自然在邀请之列。在唐绍仪举行的欢迎宴会上,顾维钧又自然地为代表们公推为代表发言。他的演说言简意赅,才华横溢,受到唐绍仪一行的好评。会后,唐绍仪还私下接见了顾维钧,对他的发言表示了欣赏并予以鼓励。

唐绍仪有心将顾收为东床快婿,找机会让女儿唐宝玥与顾维钧接触。他亲自安排了一次内阁青年同事的野炊会,让顾维钧与女儿同时参加。唐宝玥,就像她的外文名为May一样,端庄大方、清雅温柔,会英语,受过良好的西方教育,姐夫是驻美公使张荫棠的儿子。顾维钧与唐宝玥相识后,男才女貌,互生好感。

顾维钧和夫人唐宝玥及长子顾德昌合影

不久,唐绍仪与袁世凯政见不一,辞职闲居天津。顾维钧步其后尘也辞职同往津门。唐绍仪常邀顾维钧到家中做客。顾维钧铭感唐

5. "民国外交第一人"顾维钧

绍仪的知遇之恩,更对唐宝玥的端庄大方、温柔贤淑留下了美好印象。唐宝玥先为父亲对顾维钧的赞不绝口而生发钦慕,在相处一段时日后,也深深为顾维钧的人品、风度的魅力而倾倒。

顾维钧提出想回上海探望父母,唐绍仪说"恰好"唐宝玥要到沪上看望姑母,两人正好结伴好同行,并嘱顾维钧要多照料女儿。从天津到上海的航程,充满着浪漫恋情,同看日出日落,共享海阔天空。两人扶在船栏的手,触摸到了一起。到上海后,两人朝朝暮暮,频频相约,很快就坠入爱河。

顾家父母已谅解儿子与张润娥离婚的苦衷,现在看到儿子领进家门的是前内阁总理的千金,也十分高兴。这对才子佳人定下了婚期——1913年6月2日。

顾府正在紧张地筹备喜事,快到婚期时,突然接到一个消息,不得不将婚礼改期。原来,唐绍仪自正室亡故后,终未续弦,后经伍廷芳牵线,与上海某洋行买办家的吴小姐联姻,日子也适巧定在这一天,地点定在上海公共租界体育场公园,即现在的虹口公园。父女两人若同日办婚事,则实在令人尴尬。顾维钧欣然从命,将婚期推迟两天。

6月4日,顾维钧与唐宝玥的婚礼也在租界体育公园举行,两人婚后幸福美满。顾维钧对唐绍仪的知遇、奖掖和擢拔之恩充满感激。唐绍仪字少川,顾维钧后来也将字改为少川,创造了一个翁婿同名的趣话。

1915年,27岁的顾维钧奉命出任驻美公使,唐宝玥在华盛顿生下长子顾德昌,1918年,他们的爱女顾菊珍出生。顾维钧活跃于美国朝野人士之中,唐宝玥照顾家庭,支持丈夫事业不遗余力,出席各种交际活动,身体渐弱。

1918年10月,第一次世界大战结束,顾维钧的外交工作更加繁重。一天深夜,顾维钧忙了一天,回到家里,发现妻子病得很重,倒在床上,声音有气无力。原来几天前,美国有两大盛会同日举行,分别在华盛顿和费城,唐宝玥怜爱丈夫,主动奔赴路遥的费城,不幸的是,在归途中染上西班牙流感。

顾维钧知道近期这种流行病的厉害,一些外交官及家属均死于此病,他连夜将夫人送往医院。那时医学还不怎么发达,两天后唐宝玥撒手人寰，留下一双稚男童女。顾维钧不惜重金，厚殓唐宝玥，将她的遗体置于玻璃棺中运回国内，暂厝在老家嘉定顾氏宗祠内，在原棺外又加上一层椁。

顾维钧突然遭此打击，有种有缘无福宿命的悲哀，内疚忙于工作，疏于对家人的关心，特别是面对不谙世事的儿女，更加茫然，不知何时才能走出丧妻阴影。巴黎和会召开在即，顾维钧从悲恸中振奋精神从容赴会，以他的睿智与口才，不辱使命，成为中国代表团的中流砥柱，声名大振。

1921年11月12日出席华盛顿会议的中国三位全权代表，从左至右分别是驻英公使顾维钧、驻美公使施肇基（首席代表）、大理院院长王宠惠

三、天生的外交官夫人——黄蕙兰

丧妻后的顾维钧，不但要在国际舞台上为当时在军事上处于弱势的中国争取利益，维护国家尊严，还要照顾一双儿女，尽父母之责，这也太难为他了！有些外交场合，需有夫人相伴，他却形单影只。他也想过再娶，但是，找一个合适的外交官太太，是多么的不容易啊！直到有一个叫黄蕙兰的19岁富家千金出现。

顾维钧先是在黄蕙兰姐姐家看见她的照片的，那份天生丽质令顾维钧眼前一亮。后经她姐姐安排见了面。黄蕙兰的高雅气质，流

5. "民国外交第一人"顾维钧

1921年,顾维钧的第三任妻子黄蕙兰肖像照

利的英语、法语,令顾维钧怦然心动,一向口齿伶俐的他在回答黄蕙兰的问题时,甚至有点结巴。

黄蕙兰的父亲黄仲涵是赫赫有名的"亚洲糖业大王",富可敌国,支持过孙中山革命。黄仲涵一生最感兴趣的是女人。黄蕙兰的母亲明娘,是他明媒正娶的正宗夫人。此外,得到黄仲涵自己承认的姨太太共有18位,42个孩子,实际上还不止这个数。黄仲涵十分注意血统。他们家族有小拇指弯曲的遗传,凡是小拇指不弯者,糖王概不承认。但糖王最心爱的女儿黄蕙兰的小拇指就是不弯的,却被糖王认定为亲生。因为糖王坚信大太太绝对不会红杏出墙。

黄蕙兰从小受到父母的宠爱,3岁时戴的金项链上嵌的钻石竟有80克拉。黄蕙兰虽然没有受过系统的教育,但天性聪颖,青少年时代即生活在伦敦、巴黎、华盛顿或纽约之间,熟悉西方生活方式,会荷兰语、马来语、精英语、法语,并对音乐、舞蹈、书法样样精通,骑马、开车、交际样样出色,是位浑身充满灵气的女孩。她样子摩登,但举止文明,融东、西方女性贤淑、浪漫于一体。顾维钧第一眼看到黄蕙兰时,就被一种特有力量征服了,他暗暗地想道:"这简直就是一位理想的外交官夫人!"

黄蕙兰不乏追求者,在与顾维钧比肩而坐之初,依然保持着矜持,暗将顾的长相、发式和穿着,与她在伦敦、巴黎结交的男友们比较,觉得相去甚远。但交谈一深入,不得不刮目相看,顿为顾维钧的口才、智慧所折服。黄蕙兰的母亲对顾维钧充满好感,支持他们交往。

顾维钧是动真情的,连续不断差人给黄蕙兰送糖果、鲜花,有时自己一天之内数次登门。请听音乐会,看歌剧,散步,喝咖啡,各种邀请接二连三。当黄蕙兰坐在法国政府专为顾维钧提供的轿车里在马路上兜风时,坐在只有外交官才能享用的国事包厢里欣赏音乐时,感到无比的自豪和荣光。她不能免俗,她慕荣华更羡权贵。她明白,钱不等于权,这些都是父亲用再多的钱也买不到的,富不敌贵。顾维钧适时地向黄蕙兰求婚。

顾维钧、黄蕙兰夫妇

黄蕙兰虽对顾维钧存有好感,但想到他前妻留下的两个小孩,就犹豫了。她请教母亲,母亲希望女儿能打入欧洲上流社会出人头地,态度鲜明地支持她,认为顾做大官,有名气,可光耀门楣,再者顾肖猪,蕙兰肖虎,两人命造相合,琴瑟和谐,可白头偕老。可父亲黄仲涵坚决反对,理由是顾穷;且已婚两次,还有两个小孩。态度坚决,坚决到拒绝参加他们的婚礼。顾维钧由驻美公使改任驻英公使,他们的婚期在筹备中。

1920年10月2日,他们举行了婚礼。黄蕙兰的嫁妆极其华贵:枕头上钉的是金扣绊,每朵花中镶一粒钻石;镶金餐具36套;顾维钧书案上的名片架也是金的,錾雕着"顾"字;母亲送给他们一辆高级的劳斯莱斯牌轿车……婚礼上高朋满座,场面之盛大与热烈,令黄蕙兰觉得自己是天下最幸福的女人。

因为顾维钧要出席11月14日在日内瓦召开的会议,他俩的蜜月是在赴日内瓦的旅途上度过的。这是黄蕙兰做梦也想不到的!外交官夫人的角色,并不只有靓丽风光。

新婚后的第一次宴会上,一位外国大人物为黄蕙兰做诗,并试图与她调情。黄蕙兰机智地大声说:"维钧,那个老头想知道中国话怎样说'我爱你'。"一个法国的外交官轻佻地对她说:"我认为中国人是

5. "民国外交第一人"顾维钧

可爱的——个子矮小,弯着腰趿拉着脚走路,而妇女则用缠过的小脚蹒跚而行。"黄蕙兰针锋相对,反问:"我丈夫像苦力一样趿拉着脚走路吗?我是不是一个缠足的小玩偶?"黄蕙兰是位交际能手,男人喜欢她,女人更喜欢。

顾维钧及夫人黄蕙兰

黄蕙兰成了外交官夫人后,形影相伴夫君频频出现在外交场合。她伶牙俐齿,周旋于王公伯爵左右,游刃有余。因为她年轻貌美,气质典雅,又谙熟欧洲风俗和各国语言,有时连顾维钧都自叹不如,在外交舞台上如鱼得水、左右逢源。他们的两个儿子顾裕昌和顾福昌也先后出世。

1921年,施肇基(左三)、顾维钧(左一)及
黄蕙兰(左二)在美国白宫门前

黄蕙兰不仅是顾维钧得力的助手,还成为一道亮丽的中国风景。黄蕙兰为树立中国人的形象,凭借父亲的财力,不仅把自己打扮得珠光宝气,还"改造"顾维钧,从他的发型、穿着入手,以至教他跳舞、骑马,还斥巨资把破旧的中国驻巴黎使馆修葺一新。她说:"法国,以及别的国家,在很大程度上要根据维钧和我的表现来确定他们对中国的看法。我们是中国的橱窗。"

顾维钧出任驻美大使时,宋美龄访美,对黄蕙兰得体又细致的接待十分满意。在称颂顾维钧的外交业绩时,宋美龄指着黄蕙兰说:"别忘了大使夫人起的重要作用呀!"曾与顾维钧夫妇有着深谊的外交官袁道丰也坦言:"老实说,在我国驻外大使夫人当中,最出色的大使夫人要数黄蕙兰。"黄蕙兰终于圆了她少女时代就做的跻身于欧洲上流社会贵夫人的梦。难能可贵的是,黄蕙兰还热心投入华人的慈善事业。二战期间在伦敦,她加入当地红十字会组织的救护工作,被派入遭敌人狂轰滥炸的贫民区,每日工作八小时,坚持了四个月之久。

宋美龄(中)与顾维钧、黄蕙兰在华盛顿举行的慈善会上

黄蕙兰是一位不寻常的女性,在中国,她只不过是外交家顾维钧的第三任妻子,是个爱摆阔的贵妇。可她的名头在欧美却更响亮。人们知道她是 Madame Wellington Koo 或者 Hui-lanKoo。她一度是时尚东方女性的代表,有一阵子在欧美社交界是与宋美龄齐名的。据说有一次 Vogue 杂志评选"最佳着装"中国女性,她还力压宋美龄,得了第一。

作为外交官夫人,黄蕙兰无疑是出色的。但是,黄蕙兰毕竟是富家的娇女,我行我素,不改骄奢之习,养狗、饲鱼、赌博、收藏古玩,游戏人生。顾维钧曾对她说过:"以我现在的地位,你戴的为众人所欣羡的珠宝一望而知不是来自我的。我希望你除了我买给你的饰物,什么也不戴。"而黄蕙兰不以为然:"这将有助于使他们理解中国不能忽视,我们并非如他们所想象的来自落后的国家。我们来自有权受到重视的国家。"顾维钧回京任职期间,她用父亲赞助的25万巨资,一举买下当年吴三桂宠妾陈圆圆故居,家佣20余名,风光至极。他们像是两股道上跑的车,珠联璧不合,有缘乏趣,以至情感渐离。

顾维钧是位敬业强人,对妻子的关怀自然少了一份,受惯娇宠的黄蕙兰怨言日多,并下了判词:"他是个可敬的人,中国很需要的人,但不是我所要的丈夫。"黄蕙兰是天主教徒,认为感情的事是不能强求的,一切都是主的安排。

日月流逝,顾维钧、黄蕙兰之间的隔膜在日益加深。顾维钧也渐渐地心有另属。黄蕙兰认为:他与异性交际的所为,使她蒙辱,她感到愤怒。她从1920年到1956年,伴随着顾维钧度过了36年,其数恰与当年陪嫁的36套镶金餐具等同。两人平静地如同河水分流一样,自然地分手了。黄蕙兰晚年撰写《没有不散的宴席》,追述她的一生,以及她与顾维钧的恩恩怨怨,心态平和,有怨气,无恶语,尽显雅量。

黄蕙兰晚年寓居美国曼哈顿,坐享父亲给她的一笔50万美金的遗产。她喜欢养狗。一次歹徒入室,她被封嘴捆绑,性命岌岌可危时,仍说:"请不要伤害我的狗!"1993年12月,黄蕙兰是在生日华诞那天无疾而终的,子女围绕,就好像陷入熟睡,但再也没有醒来。

四、老来相伴的严幼韵

经历了三次婚姻的洗礼,顾维钧备尝酸甜苦辣。顾维钧辞去驻美"大使"职务,决心"采菊东篱下",归隐田园安度晚年。但不久,突然受命参加海牙国际法庭竞选,出任国际法庭副庭长。1959年秋,72岁时的顾维钧与54岁的严幼韵女士结合了。

严幼韵,浙江宁波人。上海著名绸缎

严幼韵

庄"老九章"老板之后裔,其父严筱舫曾是李鸿章幕僚。严幼韵是复旦大学第一批毕业女生,是位时尚的新女性。大学时代的严幼韵便学开汽车,其时髦可想而知。那时拥有汽车的人实在如凤毛麟角,她的车牌号为84,英文为 Eighty Four,因而得有谐音绰号"爱的花"。

严幼韵的前夫杨光泩,系普林斯顿大学国际法博士,早年在清华大学执教,后入外交界,任国民政府外交部情报司副司长兼外交委员会主席委员,接办北京英文导报,创设中国法文杂志。1930年任中国驻伦敦总领事馆兼驻欧洲特派员,后改任驻国际联盟会中国情报处长,后任驻菲律宾总领事,1942年日军占领马尼拉时遇害。严幼韵没被击垮,不但照顾好自己的三个女儿,还要兼顾其他七位外交官的遗孀贵孤。

严幼韵(后排左三)与父母、姐、妹、弟合影

因丈夫的工作关系,严幼韵与顾维钧相识较早。1945年,严幼韵和3个女儿来到纽约,不久出任联合国礼宾官,这是她的第一份正式工作。礼宾司的工作从接待到任大使,安排他们递交国书,到接待参加联合国大会的国家元首,涉及了联合国所有官方礼仪事宜,不能出点滴差错。她干得异常出色,成为一名杰出的女外交官。在顾维钧与黄

5. "民国外交第一人"顾维钧

蕙兰"冷战"期间,散局已定,严幼韵似乎成了"第三者"。黄蕙兰在回忆录中,提到顾维钧"那位在联合国工作的女相好",指的就是严幼韵。

老上海最时尚的婚礼,新娘严幼韵,新郎杨光泩

由于工作上的关系,加上华盛顿、纽约近在咫尺,顾维钧与严幼韵交往日渐频繁,从相互心仪渐渐发展到心心相印,终于走到了一起。严幼韵是位善于理家、精于治家和好客的女主人。顾、严作为继父、继母,对双方各自子女不分彼此,一视同仁。顾维钧亲生的三子一女加上严幼韵亲生的三个女儿,在这个大家庭里健康成长,均有所建树。

杨光泩牺牲后,严幼韵和三个女儿

54岁的严幼韵（左二）和71岁的顾维钧（右二）结婚

严幼韵婚后即退休,把主要精力倾注在照顾丈夫的生活琐事上。为他准备大量的中英文报纸;同他聊天,让他身心愉悦;陪他散步,让他恬静怡然;为他安排牌局,供他消遣取乐。顾维钧打牌从不算牌,不扣牌,输多赢少。有人表示礼貌,让他当赢家,他绝不接受,总把钱塞在输家的手中。打完牌后,顾维钧往往会站起来,幽默地问:"我是赢了,还是输了?"然后倒在床上,进入梦境。

严幼韵熟知丈夫有晚睡晚起的习惯,考虑到晚餐到次日早餐有十多小时不吃东西,怕影响他的健康,每日凌晨3时必起,煮好牛奶放在保温杯中,还附上一张"不要忘记喝牛奶"的纸条放在床边,温馨地督促,呵护有

严幼韵与顾维钧

加,百分百地充当了"好管家、好护士、好秘书"的角色。

顾维钧晚年过着"不忮不求,不怨不尤,和颜悦色,心满意足"的生活,在96岁高龄时,终于完成历时17年、11 000页的口述回忆录,

5. "民国外交第一人"顾维钧

这是与严幼韵的精心照护息息相关的。顾德昌曾感动地说,如果不是严幼韵,父亲的寿命恐怕要缩短20年。顾维钧晚年在谈到长寿秘诀时,总结了三条:"散步,少吃零食,太太的照顾。"他视严幼韵为自己的最爱。顾维钧把爱的方舟停泊在严幼韵温馨的港湾。

1976年5月28日,顾维钧夫妇向哥伦比亚大学捐赠回忆录原稿

1985年11月14日,顾维钧无疾而终,哥伦比亚大学设立"顾维钧奖学金"。严幼韵在国内为他定做了一套中式寿衣,将顾维钧的155件遗物捐给上海嘉定博物馆,并捐10万美元,资助建立顾维钧生平陈列室,以慰夫君。顾、严两人经过了一段没有任何功利色彩的纯情之旅。严幼韵106岁时,身体依然硬朗,打破了宋美龄保持的民国政要夫人的长寿纪录。

6. "中国第一好丈夫"何应钦

何应钦,字敬之,1890年4月出生于贵州兴义。曾任黄埔军校总教官,后来成为"黄埔系"第二号人物,1934年4月,国民党军重新颁授将官军衔,授予八名高级将领一级上将军衔,何应钦是当时中央军中唯一的一级上将。何应钦历任第一军军长、第四战区司令长官、参谋总长、军政部长、中国陆军总司令、国防部长、行政院长等职,退台后任"总统府战略顾问委员会"主任。何应钦处世老道,与"文甘草"谭延闿齐名,有"武甘草"之称,堪称政坛"常青树"。何应钦家庭也很幸福,他还有"中国第一好丈夫"之雅号。

黄埔军校时期的何应钦

一、"新派"骨干

贵州的兴义地处滇、桂、黔三省交界处,山青水秀。何应钦生于农村大山深处,自幼身体强健,7岁入乡塾,10岁读初小,勤奋好学。富家子弟见其身穿土布青衣,赤脚草鞋,称其为"乡巴佬"。何应钦根本不把这蔑称放在眼里,刻苦学习,同时锻炼身体风雨无阻。13岁,何应钦进笔山书院,后以考选第一名被保送入贵州陆军小学,堪称为"德智体"全面发展的三好学生。

1904年,笔山书院改名为兴义高等小学堂。书院具有独特的教育文化特色:强调道德教育,注重人格完善;强调学术创新,注重独立精神的培养;强调师生关系和谐,注重人际关系的融洽。学堂的教

6. "中国第一好丈夫"何应钦

师,不仅认真指导学生研读经史,而且从日本购进大量学习近代知识所需的各种图表、仪器和书籍,供学生们学用。此外,还组织学生每月参加乡人举办的演讲会,激励大家学习的积极性。

1905年,堂长徐天叔带领王文华、魏正楷等13名笔山书院学生前往贵阳投考贵州省公立中学,以包揽前13名全被录取,名震贵州学界。何应钦在笔山书院受到良好教育,对刘显世、王文华等学长很是敬佩。笔山书院文化对何应钦等人的人生价值取向、思维方式及行为规范产生重要影响。

任第四战区司令长官时的何应钦

1908年,何应钦被保送至武昌陆军中学。1909年秋,清政府陆军部招考留日学生,就读中学的何应钦又以第一名的好成绩应选,入日本振武学校,并与谷正伦等人一起加入同盟会。1911年辛亥革命爆发后,何应钦辍学回国,参加上海光复之役。二次革命时,何任江苏陆军第一师营长,二次革命失败后,返回日本完成学业,1913年秋入日本陆军士官学校第二十二期步兵科。1915年,血气方刚的何应钦从士官学校毕业回国。

当时贵州的军政大权,已掌握在"兴义系"军阀刘显世、王文华手中,身为督军兼省长的刘显世是王文华的亲舅父、叔岳父。刘、王二人,虽系舅甥外加叔岳父与侄女婿的关系,但思想、性行、追求大相径庭。以他俩为核心,在兴义系军阀内部初步形成"旧派"与"新派"两种势力。何应钦入黔后,同时受到刘显世、王文华的青睐。

贵州兴义系军阀集团的主要成员非刘显世、王文华的血族姻亲,即门生故旧、同学挚友。宗法思想和宗法制度的余荫是他们彼此胶合的引力,而政治、经济上的成败利钝,有时起到维系和发展这种关系的作用,有时又像楔子一般,离间他们的亲密。"新派"与"旧派"矛盾渐显,何应钦必须在两派中尽快做出选择。

何应钦虽然有一段时间与刘显世等"旧派"人物有过交往,但他更佩服王文华,很快与朱绍良、谷正伦等几位同学受到王文华的重用,而成为"新派"骨干。1917年3月,黔军第一师成立,标志着兴义系"新派"的正式形成。师长王文华任命何应钦为步兵第四团团长,并有意将妹妹王文湘嫁给了何应钦,引入心腹。

王文湘也是贵州兴义人,其父王起元是兴义"八大户"之一,其母刘显亲系贵州督军兼省长刘显世的胞姐,其长兄王文选后官至国民政府首任交通部长、国民党中央委员,是上海私立大夏大学的创始人,其二兄王文华更是贵州的风云人物。王文湘在当时的贵州可算得上"皇帝的女儿"。

何应钦的签名照

此前,王氏家人曾有意将待字闺中的王文湘另许他人。后因何应钦在王文华麾下办事勤谨,加上无烟、酒、赌博及女色之爱好的出色表现,另有何与王文华之妻弟刘峦昌的良好关系,使得王文华之母及全家对何应钦产生好感,终由刘显世做媒、王文华撮合,才决意将王文湘嫁给何应钦。

1917年4月,何应钦与王文湘在贵阳结婚。何应钦立足黔军,又做了王文华的妹夫,可谓双喜临门。婚礼上有人赠送一副贺联致喜:"昔日瀛洲学士,今看天下将军,宝马气如虹,玉树风前,何郎傅粉;谪来蓬岛仙姬,成就人间眷属,瑶池春似海,蟠桃花下,王母开筵。"

王文湘比何应钦小8岁,受过良好的教育,知书达理,温柔贤惠,虽然出身富贵之家,但禀性平实俭朴,没有富贵骄奢之习惯,而且能够吃苦耐劳,既为何主持家政,又能侍奉何应钦,帮助丈夫从事社会活动。出身贫寒的何应钦能够娶到这样的妻子,自然十分珍惜疼爱。

与何应钦同天举办婚事的,还有谷正伦、朱绍良两人,他俩也都分别迎娶了贵阳名媛。三位年轻俊杰同天结婚,这在当时的贵阳传为佳话。"新派"欢天喜地,实力大增。何应钦与王文湘的结合,不但使他在黔军迅速升迁,也得到了真挚的爱情。何应钦与王文湘夫唱妇随,夫荣妻贵。

二、被逐贵州

1917年7月,在王文华极力推荐下,何应钦被任命为贵州讲武学校校长。在贵州讲武学校,何应钦根据自己在武昌陆军中学和日本士官学校的经验,以日本士官学校的教学方法为样板,制订了教学、训练大纲。招收入伍一年以上的高小或中学毕业生,设置战术学、兵器学、地形学等课程,并特别聘请日本人能村少校为顾问,办学成绩不错。何应钦不但拒收走后门送来的十多位素质极差考生,还从严治校。有次熄灯号后,其弟何辑五外出未归,何应钦不徇私情,禁闭何辑五3天,并训斥他要遵守学校法纪。这段经历使何应钦积累了教学管理经验,为他后来在黄埔军校的教学打下了基础。

地方军阀为了巩固家族统治,往往都会用联姻方式稳定吸纳人才。既已选择刀光剑影伴着功勋荣光的人生道路,何应钦只能靠枪、靠兵实现自己的理想。何应钦成为王文华妹夫后,在"新派"中的地位更进了一层,不久升任黔军第五混成旅旅长、黔军总司令部参谋长等职,晋衔为陆军少将,是黔军总司令王文华的得力干将,并进而成为贵州新派中的核心人物。

何应钦在多方面施展才能。当时的中国面临着新旧文化的冲击。何应钦感到:"国家之进化,基本于世风。社会之改良,造端于民智。"何应钦认为组建社团,既能推动贵州的新文化运动,又能利用这个机会把社团抓到"新派"手中,可谓一举两得。在征得黔军总司令王文华同意后,1918年底,何应钦与谷正伦、邱醒群、赵季卿、刘敬吾等人发起成立了"少年贵州会",以鼓舞贵州青年的进取精神。

"少年贵州会"设学务部、游艺部、体育部、交际处、纠察处、总务处。作为军人,何应钦尤重视体育,他认为体育能强身健体,又能砥砺品节。体育部有弓矢股、射击股、马术股、劈刺股、体操股、拳术股等,借贵州讲武学校操场活动,多次得到何应钦和讲武学校教官的指导。在何应钦的倡导下,少年贵州会举办贵州第一次全省性的运动会。学务部的讲学股经常组织讲学活动,曾聘请王文华主讲哲学,陈衡山、任可澄主讲国学,何应钦主讲军事学,刘显世主讲阳明学,邱醒群主讲政治学,刘敬吾主讲经济学。

1919年3月1日,少年贵州会主办的《少年贵州日报》创刊,邱醒群、符经甫等先后任总经理,王聘三、谢笃生、刘介忱等先后任总编辑。该报发刊词宣称旨在"砥砺品节、阐扬正义、振作朝气、警醒夜郎、审辨政潮、灌输新智、监督官吏、通达民隐"。何应钦特别在省议会介绍这八条宗旨。到1919年底,"少年贵州会"在贵州省内成立了76个支部,成为当时贵州最大的社团。

"五四运动"热潮涌到西南,贵州当权者态度不一,"旧派"人物态度暧昧,唯恐过激。而以王文华为首的"新派"领袖,认为北京学生的要求无可非议,应当谴责北洋军阀政府的丧权辱国行为,同时又可借助学生运动,冲击"旧派"势力。当上海成立国民大会的消息传来时,何应钦找到刘显世,要求以少年贵州会联合省议会,共同发起筹备成立贵州国民大会,得到刘的同意。

何应钦和王文华等人在政治上、军事上的地位都已令人咋舌惊羡,但因"旧派"势力多年把持经济和财政,这对于"新派"的以军扩权无疑是一大障碍。王文华的"新派"兄弟早就想插手贵州财政,以增加饷源和增殖个人的财富。何应钦支持王文华开放烟禁,允许民间种植、贩运和吸食鸦片,从中收取重税,以补黔军饷源的不足。

王文华之兄王伯群留学日本时专门研习政治经济,有一定的开办近代实业的理论,积极倡导开发贵州经济,成为专司开采铜仁矿产的裕黔公司的董事。不久,又被推为主办全省矿务的"群益社"的理事长。"新派"开始从"旧派"控制的财政中直接分肥,两派矛盾加剧。刘显世、王文华舅甥间的关系发展到了水火不容的地步。

何应钦、王文湘中年合影

1920年11月,何应钦参与和直接指挥了"民九事变",与王文华一起迫使刘显世交出了贵州大权。王文华被公推为省长,但尚未返黔就任,贵州政局就陷入混乱。1921年3月,王文华在上海被黔军另一将领袁祖铭刺杀身亡,黔军5个旅长各自为政,一片混战。何应钦兵旅较弱,遂被二旅旅长谷正伦、警卫团团长孙剑锋逐出贵州,于1921年底奔赴

6. "中国第一好丈夫"何应钦

昆明,滇军总司令顾品珍聘何为高等军事顾问。

被逐出贵阳的刘显世,对何应钦异常寒心,在昆明嘱其子侄收买刺客行刺。何应钦胸部和腿部受伤,差一点儿没命,后经随身副官救护入法国人办的医院抢救脱险,休养半年后离云南赴上海,在其内兄王伯群家中继续养伤。养伤期间,王文湘夜以继日地守护在床前,亲自端水喂药,照料得十分精心。

三、黄埔系二号人物

1924年1月,在中国共产党的帮助下国民党改组,出现了第一次国共合作的局面。孙中山命廖仲恺、蒋介石等人筹办黄埔军校。孙中山对军校极为重视,亲自出任军校总理。不久,又正式任命蒋介石为军校校长兼粤军参谋长,廖仲恺为驻军校中国国民党党代表,四处延揽人才。

何应钦经王伯群等人介绍,赴广州大元帅府任参议,后因与蒋介石的"同学"关系,加上在贵州办讲武学校的名气,被蒋看中,参与军校筹建工作。6月16日,黄埔军校成立,何应钦被孙中山授予少将军衔,任黄埔军校副总教官。

何应钦深谙追逐功名利禄和维系主仆关系的平衡之术。在黔军内讧被逐后,落魄的何应钦全身心地投入黄埔军校,以忠顺、勤谨和刻苦、律己博得蒋介石的赏识。在黄埔军校时期,何应钦所表现出的木讷寡言而长于以身作则的"迟钝",与蒋介石善于用华丽的辞藻哗众取宠,表现出来的娴熟的政治手腕形成互补,并且以标准的军人风范和求实苦干的精神,弥补了蒋介石作为一校之长的缺陷。黄埔教导团建立后,他即被任命为第1团团长。在讨伐陈炯明的战斗中,何应钦屡立战功,打出了威名,出任国民革命军第一军军长,也奠定了他与蒋介石的关系。何应钦是长伴老蒋并随之上升的"福将",成为黄埔系的第二号人物。

1927年,蒋介石对何应钦支持桂系很失望,但觉得何应钦只是想巩固地位,并不是真正想搞垮自己,就慢慢原谅了他。何应钦对蒋介石唯马首是瞻,从不在蒋介石的周围培植自己的私人势力,即便是自己兄弟的安排,也以蒋介石的意志为意志。蒋介石给他什么位置他就掌什么权,一旦蒋介石收回这些权力,何应钦拍拍屁股就起身,连灰尘都不多带,更不要说结党营私了。这一长处,不仅博得了蒋介石的欢心、放心,更能在大多数时候游离于国民党的派系漩涡之外,超然于各派的明争暗斗之上,不对权力有非分之念。

何应钦渐渐成为代表蒋介石掌握军政大权的第一人选,出任国民革命军总参谋长、军政部长、武汉行营主任、郑州行营主任。即使指挥第二、第三、第四次"围剿"皆败,照样受到老蒋重用。

何与蒋的关系在"西安事变"发生后又有一段曲折。有人认为何应钦主战,并亲任"讨逆军"总司令,是想将蒋在西安炸死,以便"取而代之"。此观点欠妥。赋何兵权出征讨伐是国民党中央集体决定,第一个提出用兵的是居正,而非何应钦。另外,蒋介石也是希望在军事上给西安压力,跟班多年的何应钦,和蒋介石是有默契的。这种默契不是简单的俯首帖耳、言听计从,有时表面上的争执,甚至苦肉计,常人是难以看出来的。蒋介石回南京后,举行了20万人参加的"庆祝蒋委员长返京大会",让何应钦代表自己在大会上致答谢词,这应该说是蒋给予何应钦的殊荣。事后,蒋介石在许多场合都说道,西安事变之所以能够和平解决,张学良之所以礼送他回南京,是因为何应钦的讨伐和施加军事压力的结果。近来也有人提出,何应钦主战的动机,是以救蒋脱险,惩治张、杨和反对联共抗日为目的的。这充分暴露了他一贯亲日和顽固反共的立场,也表现出他和蒋介石的基本利益是一致的。

"西安事变"后,蒋仍然对何十分信任。1938年1月,何任军事委员会参谋长,负责战时军制计划和参与各个战役的指挥。1941年12月,国民党军事统帅部为联系盟军,对敌转移攻势,于昆明设立中国战区中国陆军总司令部。何应钦兼任陆军总司令,接受美援装备,整训军队和负责西南各战区的指挥,督师克复腊成,参与指挥湘西会战、桂柳反攻战,收复广西。日本宣布投降时,何应钦被派为中国战区受降之最高指挥官。这是何一生中最值得炫耀、出尽风头的事,是他一生中的顶点。此后,他的官运随着国民党的败落日渐式微,开始走下坡路了。

1946年4月,何应钦任重庆行营主任,后任国防部长。1949年1月21日,蒋介石宣布下野,力挺何应钦继孙科出任行政院长,参与和谈指导委员会,以便操纵和谈代表与中共进行的会谈。

6. "中国第一好丈夫"何应钦

1945年12月,何应钦于上海

四、中国第一好丈夫

难能可贵的是,何应钦与王文湘这两口子在国民党高级官员中伉俪情深,是一对模范夫妻。何应钦对王文湘十分疼爱珍惜,也十分忠贞。王文湘不能生育,曾有人劝他纳妾,王文湘也表示同意,但却被何应钦怒斥。夫人不生养,何也不讨小老婆。这在当时国民党军政要员中,实不多见,何应钦因此有"中国第一好丈夫"之称。在何应钦眼中,一辈子只中意妻子一人。王文湘成为何应钦一生荣辱与共、同甘共苦的忠实伴侣。

1948年的何应钦

南京国民政府成立后,王文湘考虑到何应钦公务繁忙,为了照顾好丈夫,她谢绝一切外务,专心操持家政。王文湘对他的深情,使他难以移情。何应钦平时喜静不喜动,闲暇时哪里也不去,总是待在家里陪伴夫人,也经常帮助夫人操持家务,整理衣物,打扫卫生什么的。

1950年,于右任与何应钦等人合影

王文湘还很注意为何应钦广结人缘。何应钦从来不在身边培植私人关系网,有贵州同乡或朋友熟人介绍的人来求职时,他有不便回绝的,都是王文湘出面"得罪人"。因此,何应钦在贵州籍军官中口碑很好,王文湘的声名就差得多,都说她仗势压人。1945年4月何应钦回家乡,谈到自己少年成才之路,总结了"勤"、"俭"、"诚"三字,现身说法,勉励在场的青年和学生。

几十年过去了,何、王夫妻两人恩爱如初。何应钦的弟弟见兄长没有孩子,便将自己的女儿丽珠过继给何应钦。何应钦夫妇视丽珠比亲生女儿还要亲,嘘寒问暖,悉心抚育。看着小女儿与别的孩子玩耍嬉闹,何、王夫妻两人倒也不乏天伦之乐。

南京解放后,蒋介石与李宗仁之间的矛盾更加激化,何应钦辞去行政院长职务后,随蒋介石到了台湾,请议蒋总裁早日恢复行使"总统"职权。蒋介石第一届"总统"任期将满,台湾当局准备选出第二届"总统"和"副总统"。蒋介石不希望在竞选副总统问题上出现第二个李宗仁,因此要有关人士试探一下何应钦,看他是否有意竞选副总

6. "中国第一好丈夫"何应钦

统。何应钦是不会有非分想法的,不但以年老力衰、无意仕途为由婉谢,还带头说服老同志辅佐"太子",终得以善终。

1959年,何应钦在高尔夫球场上

何应钦被排挤出国民党中央委员会,只任一些中央评议委员、"总统府战略顾问委员会"主任等虚职。随着年迈体衰,特别是"反攻大陆"的希望破灭,何应钦的注意力也逐渐从军事转移到台湾的经济文化建设上,提出了不少建议,对台湾经济文化繁荣非常关心。虽在政界受到冷落,但因与蒋介石的私交,所以衣食无忧,生活不愁、家景不错,这要比其他失权政要好多了。

何应钦晚年的"公事"无非是开会应景、发表讲话、参加些证婚、剪彩、葬礼等仪式。因为官场失意,何应钦大部分时间用于打桥牌、打猎、打高尔夫球、栽花种

上世纪60年代,何应钦夫妇合影

树等。他越来越看重自己的家庭生活。同僚们并不讥诮他惧内,而是说他一生无女色之好。

1962年,何应钦夫妇在台湾机场受到欢迎

何应钦与蒋介石等人偶有嫌隙,王文湘便在权贵们的妻妾中周旋,更常与宋美龄在一起,借求教《圣经》的解说和叙姊妹情谊加以侧面调缓。王文湘六十大寿时,多才多艺的宋美龄亲手绘制了一幅墨兰图,蒋介石于画幅左上写下"满座芳馨文湘夫人周甲荣庆蒋中正敬题",赠给王文湘。这在国民党上层人物中,能得"第一夫人"作画、蒋介石题词贺寿,亦是一种殊荣。

何应钦与同僚打桥牌

王文湘来台后,身体一直不好。1952年即被医生诊断为乳腺癌,且癌细胞已经扩散,无法手术。1970年代中后期,何应钦各方面的应酬开支较大。重病在身的王文湘托人暗中变卖一些饰物,以应需要,总不让何应钦感到丝毫拮据。

何丽珠自台湾大学政治系毕业后,被派往美国"领事馆"工作,后来因何应钦夫妇年事日高,便申请回台,照顾父母。何丽珠与丈夫蒋友光在离何应钦寓所不远的地方,买了一栋房子,只要一有时间,便来陪伴父母,节假日更是带着孩子前往,一家人其乐融融。

何应钦给自己定了二条不成文的规矩:一,每天不管多忙、多累、回家多晚,都要和夫人聊会儿天;二,每天至少要和夫人一起吃一顿饭,要么是早餐,要么是晚餐。到了台湾,夫人患病后,他又增加了两条:每年陪夫人出国求医治病;定期和夫人离开台北外出度假。

何应钦政坛无事,正好忙家,自己动手搞家务,对病妻尽丈夫之责。王文湘病重期间,何应钦亲奉汤水,侍应于左右,并每年送王到日本治疗。王文湘是一位虔诚的基督徒,她每个礼拜天的上午,必在家里举行聚会,习经讲道,即使是病重亦不肯缺席。王文湘生性开朗,自知得了癌症,来日无多,但她能够在精神上自我放松,与病魔进行斗争。再加上何应钦和女儿的悉心照顾,她多活了20多年。1978年4月,王文湘病逝,享年82岁。

五、长寿秘诀

虽然妻子一直身体不好,何应钦思想上也早已有所准备,但老妻的离去,使得他非常悲伤。夫妻两人相依相靠,由大陆到台湾,携手度过几十年风雨人生。如今妻子撒手先去,一种孤独感便油然而生。有时,何应钦像对朋友一样,对女儿娓娓讲述他与妻子多年来相濡以沫的恩爱故事。

女儿何丽珠非常孝顺父亲,轻言细语安慰着何应钦,对他无微不至地照顾。为了便于何丽珠及秘书、侍从照顾何,台湾当局"国防部"专门建了一栋三层楼的别墅,给何使用。何丽珠和丈夫很快搬过来,陪伴父亲。一家人热热闹闹,何应钦很快就从悲伤与孤独中走出,恢复了常态。何应钦身体一直很好,他的健康长寿,引起了人们的关注。

何应钦生活上较为简朴,没有什么特殊的嗜好,每天只抽几支烟,很少饮酒。平日吃的也比较简单,多者四菜一汤,荤素搭配。他饮食起居,很有规律。闲下来常到门前草坪上散散步,拔拔草。多数星期天,他带上猎枪和猎狗,坐着蒋介石送给他的黑色进口轿车,出城打猎。枪法之准,令人叹服。只要看到野鸡之类,伸枪一击便中,然后驱狗拖回。他还喜欢打桥牌和听音乐。栽植兰花是何应钦晚年的一大嗜好,他在家中共栽有两百多盆;每逢兰展,他必亲临观赏。在他的官邸大厅挂有蒋介石题款、宋美龄作画的《兰》,与国画大师张大千的《墨荷》相映成趣。除此之外,他还养了许多锦鲤自娱。何应钦平素举止严谨,言语温和,十分注意养生之道,几乎任何情况下,未见他动肝火,发过脾气,其长寿与他平素修养极好有一定关系。

1977年,何应钦与夫人王文湘欢度结婚60周年"钻石婚"纪念。在亲友的祝福中,两人共同切一块六层的大蛋糕,同时还交换了一枚新的结婚戒指

有一次,台湾健康长寿会请何应钦去介绍养生之道,何应钦高兴前往,并介绍了自己的养生秘诀:一是修养,人要加强自己的道德修养,只有用温和、慈良、宽宏、厚重、缄默来克服心中的猛厉、残忍、褊狭、轻薄、浮躁,才能做到心直虑正;二是规律生活,劳逸结合,不嗜烟酒,不暴饮暴食;三是医药和运动,他从小就喜欢各种体育运动,球

6. "中国第一好丈夫"何应钦

类、田径都很喜欢,到台湾后,爱好改为"三打一跳",即打桥牌,打高尔夫球,打猎和跳舞。年老后以散步为主,出外旅游,能步行时,就不坐车,以活动筋骨。

何应钦的节制欲望,表现得最突出的是他自始至终只守着一位夫人。他自知个性恬淡,处理不了妻妾之间的争风吃醋。白天要应付官场和战场,随时处在身首异处的险境,需要一个能让自己放松、安宁的家庭。他一直认为,夫妻之情远远重于权力、钱财,后者为身外之物,唯有妻子的爱、家庭的温暖才完全属于自己。

何应钦95岁时,台湾当局专门为他成立了"何应钦上将九五寿诞丛书编辑委员会",拨出专款为他出版了丛书12册。何应钦对女儿说:"先'总统'时代,蒋公给予我的最大荣誉是抗战结束后在南京主持了受降大典;而来台后,经国先生给予我的最大荣宠是参加了我的九十和九十五寿诞祝贺。我这一辈子,得到了常人没有得到的东西,也应该满足了。"

1984年,何应钦过95岁生日,用军用指挥刀切蛋糕给大家分享

1985年11月3日,贵州同乡会新的会馆启用,这一天,96岁高龄的何应钦兴致勃勃地参加了这一活动并剪彩。剪彩完毕,同乡们争相与他照相。何应钦端坐在太师椅上,开心地笑着。何应钦看到家乡的照片,得知故居得以保存,十分欣慰,他无时无刻不思念着家乡的山山水水,渴望见到故乡亲人。年愈高,情愈切。

何应钦95岁生日时,蒋经国前往贺寿　　　　95岁时的何应钦

　　1986年4月,何应钦在与友人打桥牌时突感不适,被诊断为轻度中风。1987年初,何应钦身体日渐衰弱,靠最好的药物和一流的医疗设备才得以延续生命。女儿何丽珠以及何的侄儿侄女们,在医院轮流守护。10月21日,何应钦终因心脏衰竭而停止了呼吸,享年98岁。12月1日,何应钦公祭仪式在台北举行,病中的蒋经国送来了"轸悼耆勋"的挽额,宋美龄敬献了十字花架,陈立夫、薛岳、谷正纲等元老都到场致祭。何应钦被安葬在台北县汐止镇五指山"国军"示范公墓特勋区。贵州家乡的有关部门和他的亲友也都发了唁电或挽词。

7. 并未与宋美龄订过婚的刘纪文

刘纪文,字兆铭,广东东莞人,1890年10月19日出生,祖辈是无谱无祠的水上居民,家境清贫。1910年加入同盟会,后留学日本,加入中华革命党,任总务部干事。1917年回国,参加护法运动。历任陆军军需处处长、南京特别市市长、国民党中央执行委员、首都建设计划委员兼秘书长、广州特别市市长、陪都建设计划委员、特种考试典试委员长等职。1949年赴台湾,任"总统府国策顾问"。1957年4月在美国病逝。刘纪文早期仕途顺利,有人传言是因与宋美龄订过婚有关,甚至被说成是宋美龄的初恋情人。

17岁时的刘纪文

一、传言中的"刘宋订婚"

刘纪文自幼聪慧好学,成绩优异,在革命的洪流中,结识了一些具有先进思想的青年人,受命在香山开了一家庆利商店,作为掩护革命工作的机关,开展秘密活动,发展革命力量。1910年,刘纪文加入同盟会。

1911年武昌起义爆发,广东军政府成立。1912年12月,广东军政府选派48名同盟会会员留学日本、20名留学欧美,刘纪文与丁颖、李仙根、周演明等被送往日本留学。在日本,刘纪文入读东京私立志成学校。1913年6月,刘纪文在东京接受牧师洗礼,信奉基督教。刘纪文在日本攻读政治学期间,加入中华革命党,任职财政部。

据传，1914年夏，刘纪文从日本去美国看望在哈佛大学念书的好友宋子文，结识了在美国念书的宋美龄。当时年方18的宋美龄对风度翩翩、一表人才的刘纪文印象很好，刘纪文对亭亭玉立、妩媚动人的宋美龄也是怦然心动。宋子文很希望小妹能结识自己的这位好友，支持两人来往。

刘纪文身材颀长，长相帅气又聪颖过人，通晓日语、英语，谈吐优雅，还弹得一手好钢琴，显出一身"才气"，他给宋氏兄妹讲述自己在日本的趣闻轶事及日本的风土人情；宋氏兄妹则讲他们在美国的所闻所见，以及异国生活的感受。三人聊得十分开心。最后，在宋美龄如清泉般优美的钢琴曲中依依道别时，刘纪文、宋美龄难舍难分了。

在韦尔斯利女子学院
学习时的宋美龄

1915年宋庆龄和孙中山结婚，引起宋家轩然大波，宋父很生气，很伤心，专门写信告诉美龄。宋美龄是个聪明的姑娘，她猜到父母将包办她自己的婚姻，以免宋家再出个庆龄第二！宋美龄开始思量自己认识过的男孩。

1916年暑假，宋美龄决定以旅游的方式度过在美国的最后一个假期。她邀请刘纪文同行。刘纪文满心欢喜地接受了邀请。他们先游览了旧金山的唐人街，参观了洛杉矶的电影院，游览了黄石公园，观赏了尼亚加拉大瀑布……刘纪文的摄影技术相当不俗，一些照片还被报刊刊用。暑假周游很快结束了，美好的记忆依然荡漾在心头。两人很快订婚。1917年，宋美龄学成回国了，回到父母身边，投入频繁的社会活动。刘、宋两人后来只有书信往来。

据说，宋子文是刘、宋两人"订婚"的撮合者。其实，刘、宋两人早年可能连面都没见过。退一步说，两人即使见过面，友情成分应更多一些，青年男女的密切接触，容易使人产生联想。宋美龄即便是刘纪

7. 并未与宋美龄订过婚的刘纪文

民国元老古应芬

文的暗恋情人,但刘纪文却绝非宋美龄的初恋。刘、宋两人是否恋爱,以致"订婚"之说是缺乏根据的。

民间还有传言,刘纪文被任命为南京特别市的首任市长,就是因为宋美龄内疚,而在蒋介石面前力荐刘纪文的。这还真要从刘纪文的"订婚"对象说起,但此人不是宋美龄,而是民国元老古应芬的长女古婉仪。

二、真正的"订婚"对象

刘纪文在日本法政大学毕业后,追随孙中山先生回国。不久,在军政府粤省政务厅长古应芬幕下任金事、金库长等职。刘纪文办事勤快,精明干练,很得古应芬赏识。不久就升为科员。古应芬见刘纪文勤谨恭顺,俊伟聪明,颇堪造就,便许诺将女儿古婉仪下嫁于他。刘纪文受宠若惊,欣然从命。

古应芬是国民党元老。自小入私塾读书,1902年考中秀才,1904年他与朱执信、汪精卫、杜之林、胡毅生同时考赴日本留学,1905年在东京加入中国同盟会,追随孙中山先生参加革命活动。1906年毕业于日本法政大学速成科,升入专门部。1907年毕业归国后,历任广东法政学堂编纂、广东咨议局秘书、省核计院院长等职。1917年后随孙中山参加讨袁护法运动。

据说古婉仪美貌如花,而且精通英语,古应芬是当时的风云人物,而且富有家财。刘纪文受到古应芬的青睐,先是受宠若惊,转而喜出望外。

1918年,刘纪文与古婉仪两人正式订婚。不料古婉仪小姐红颜薄命,没能等到洞房花烛,即得重病,卧床不起,临终之前旬余,刘纪文以未婚夫的身份朝夕照料,喂汤送药,亲侍在旁,博得古应芬全家上下的一致赞誉。

1919年,古婉仪撒手尘寰而去。刘纪文肝肠痛断,伏尸痛哭,并在古婉仪的基碑上面称她为"聘妻",可见两人情深。有人感于刘的沉痛,撰诗四首,曾传诵一时。刘纪文此后一直视古应芬如父,得意时如此，亡命时亦然。古应芬被刘纪文的言行感动，视其如子。此后，刘纪文一日三升，官运亨通。

1920年，刘纪文出任陆军部军需司司长，1923年出任大本营审记局局长，又任大本营军需处处长。后来，刘纪文又被广东省政府派赴欧洲考察战后经济状况，在伦敦经济研究学院深造两年，继入剑桥大学学习，后又奉命到欧美考察市政建设。1926年回国，担任广东省政府委员兼农工厅厅长。北伐后出任国民革命军总司令部军需处处长。

刘纪文在古婉仪去世后十年里，都一直没有考虑个人婚姻问题。因为工作关系，时任国民革命军总司令的蒋介石对刘纪文较为欣赏，知道这位海归学子英文不错。当时蒋介石正在追求宋美龄，宋美龄因久居美国，中文说得不好，想逛街买东西缺人陪同，蒋介石因公务繁忙，就安排刘纪文作陪。有人看到同为单身的刘、宋两人"成双入对"，才会由此作出猜想臆断。

1927年9月，刘纪文是蒋介石赴日一行的主要成员

宋美龄曾说过"非英雄不嫁"，她欣赏不辞艰险、独自上路去寻找圣杯的骑士。而刘纪文虽是"青年才俊"，很文雅，很浪漫，也很睿智，却根本算不上"铁腕英雄"。刘纪文对此也应是有自知之明的。所以蒋、宋、刘三人私交一度是不错的。刘纪文与宋美龄的友情，维持时间也较为长久。刘纪文后来为"蒋宋联姻"也出过力。蒋介石从来没有将刘纪文视成"情敌"，否则就不会请刘陪同赴日本面见宋母，并放

7. 并未与宋美龄订过婚的刘纪文

心大胆地重用刘纪文主持首都政务。

1927年,蒋介石定都南京,宁汉对峙。古应芬是南京国民政府四常委之一。6月6日,南京被定为特别市。年仅37岁的刘纪文从江西调到南京,成为南京建市后的第一任市长,属特任官,系蒋介石保荐,但国民政府党务委员会执行主席胡汉民反对,后因古应芬与胡有多年深交,出面力挺才得以就任。刘纪文出任南京市长并非如民间所传的出于宋美龄的"感情弥补"。

三、首任南京特别市市长

刘纪文初任南京市长时,当时全市财政收入只有每月1万余元,别无其他收入,谈不上任何建设。刘纪文的开办费用只有区区3 000元,他请来老同学、老朋友帮忙出钱出力。

南京特别市市长刘纪文

刘纪文踌躇满志,上任后拟做的第一件事,就是开辟了长江路东段一小段马路(原名国府路),以便国民党高官乘汽车便利而行。但计划尚未实施,蒋介石就因"内忧外患"种种原因被迫下野。刘纪文只做了短短两个月的南京市长,就随蒋辞职而去。

蒋介石下野后,准备和宋美龄结婚,万事俱备,只待东渡日本面见宋母征得同意。蒋介石知道刘纪文与宋家熟识,就请他一同赴日,刘纪文应允同行,为蒋宋联姻尽心尽力。

1928年蒋介石复职,回到南京与宋美龄在香铺营举行结婚典礼,刘纪文作男傧相,并且住在蒋宅,成为蒋介石红人。蒋介石要为刘纪文介绍对象,刘不愿依赖裙带关系而婉言谢绝。

1928年7月,刘纪文再次出任南京市长。此时恰逢国民政府拟筹备孙中山奉安大典,刘纪文遂提出了"修筑迎榇大道"的建议,很快得到批准。国民政府将华侨捐献购买飞机的150万元暂移作工程费用,刘亲自担任"首都道路工程处"处长,把全部精力投入到市政建设中。

中山大道的施工条件十分恶劣,当时的和会街至挹江门一带是一片高粱和芦苇,挹江门至江边是池塘连片,原电灯厂至中山门间也是"竹树丛杂,藜苇横生,密茂如林"。施工期间正值冬季,南京雨雪连绵,所筑之路往往因水陷而不坚,工人苦累不堪。刘纪文不为所动,十分严厉地训斥了有畏难情绪的各施工单位负责人,坚持要按时完工。

中山大道在建期间,刘纪文还派人到上海,从法租界购得第一批悬铃木(即法国梧桐)数千株,植于中山东路、中山北路、萨家湾、长江路、江苏路及陵园大道两旁,成为南京近代第一批行道树。"中山大道"的建成,对南京的繁荣起了重要的促进作用,至今仍是南京的主干道。

除"中山大道"外,南京的其他重要马路,也是刘纪文亲自规划与过问的,如开辟中山南路,拆迁的压力很大,为树立威信,刘纪文首先拿位于三元巷口的总司令部开刀,让其带头拆让。结果总司令部一拆,其他的单位和民居也只好拆让了。

因为经费有限,刘纪文的市政建设政绩更显难能可贵。刘纪文整治玄武湖,以世界五大洲名命名之,公园亦"相应更名为五洲公园"。刘纪文呈请国民政府批准更改南京各城门名称,聚宝门改为中华门,洪武门改为光华门,丰润门改为玄武门,朝阳门改为中山门,仪凤门改为兴中门,神策门改为和平门,海陵门改为挹江门。并分别请蒋介石、于右任、蔡元培、谭延闿、胡汉民、戴季陶6人,为新城门名题写匾额。

在刘纪文的思路中,为了让古城墙发挥更好的作用,可绕其一圈修筑环城大道,并在城墙上开辟公园,"幸赖有此古色斑斓之旧城,掩映于湖山之中,每过白下辄留恋不忍去者,亦不复为此"。从1929年起,南京城也成了当时留学归国的一批建筑师们"打擂台"的场所,由包括杨廷宝在内的四大建筑师坐镇,为中国现代建筑史留下了一批标志性的民国建筑。

在市政建设中,对于那些拆迁"钉子户",政府派人强行拆除,将拆下来的砖瓦建材,抵拆迁人员的工钱。当时的南京人"尽有不知道国民政府主席姓甚名谁,但对于这位拆屋的市长(指刘纪文),连三岁小孩都知道"。刘纪文因此有"铁腕市长"之称。刘纪文对南京的城市建设功不可没。而对于刘纪文来说,他担任南京市长期间还有一个重大收获,就是娶得了一位贤明的妻子——许淑珍。

四、娶妻许淑珍

比起仕途,刘纪文婚恋是比较曲折的,但自从结识了许淑珍后,终于得到了美满的婚姻。国民革命军第二次北伐期间,时任总司令部经理处长的刘纪文在上海的同僚家中,经介绍认识了许淑珍,并展开了热情追求,终于修得正果。

许淑珍是当年上海有名的教会学校晏摩氏女学的高材生,居住在上海北四川路,父亲是上海保险行业的"行尊"。许淑珍自幼好音乐兼绘画,其用度之大也极有名,攻读甚

刘纪文与许淑珍结婚照

勤,各科成绩优异,本来学校离家不远,但她坚持要入校寄宿,一是喜欢校园的清静,再就是方便自修。许淑珍善修饰,装束雅淡宜人,既有美貌且多才多艺者,或骄视侪辈,但许氏独不然,待人接物,和蔼有加,与同学交谈时语多谦词,彬彬有礼。她喜欢习字,每日清晨,无论寒暑,必早起习字不懈,故书法秀丽,人见人爱。据说当时追求许淑珍的"高富帅"也有不少,但她最后还是选择了比自己年长17岁的刘纪文。

1928年10月19日,39岁的刘纪文与22岁的许淑珍在南京市政府礼堂结婚,蒋介石和谭延闿出面证婚,后至南京圣公会礼拜堂举行基督教仪式,婚礼办得气派豪华,有彩车专列来往于宁、沪之间。婚后二人到广州探扫古小姐坟墓,再到北京碧云寺祭奠孙中山灵柩。

当时刘纪文再任南京市长不久,有些记者要求补助报社经费,没得到刘的批准,于是在小报上造谣诋毁,什么"刘纪文夫人的一双进口跳舞丝袜价值25元"、"冯玉祥怎样与刘纪文为难"等,竟成了轰动一时的新闻。

刘纪文与许淑珍结婚后,生活美满。解决了婚姻大事的刘纪文,

也确实想在南京做许多事情,但因财政困难以及阻力重重而未能实施。1930年4月,刘纪文辞去南京市长,调往上海,任财政部江海关监督。这是个重要职务,刘纪文很满意。

1931年,蒋介石软禁胡汉民,古应芬在广州策动反蒋。刘纪文弃职江海关监督,跑到广州加入反蒋阵营。刘纪文是受古应芬影响才与蒋决裂的。但在别人眼里,他是蒋介石的亲信,都怀疑他是来卧底的,直到刘纪文在反蒋大会上公开指责蒋介石的违法乱纪行为,各方面才冰释怀疑。

5月,刘纪文与古应芬、汪精卫、陈济棠、孙科、林云陔等16人在广州召开"中央执监察委员非常会议",并成立"广州国民政府",对抗南京政府,宁粤对峙。同年10月,古应芬因拔牙中毒不幸去世。刘纪文失去了重要的政治依靠山。

不久,广州国民政府与南京国民政府在上海和谈,决定取消广州国民政府,成立西南政务委员会,实际上是保持两广独立的局面。1932年3月21日,国民政府西南政务委员会决定让刘纪文代理广州市长。

五、任期最长的广州市长

此时,"南天王"陈济棠治理广东,正全力打造广州成为"首善之区",再加上前任市长程天固的城建基础,越秀山水塔、市府合署、中山纪念堂及纪念碑、珠江铁桥、省港长途电话、增加电力等工程已经建成或正在兴建,以致刘纪文一上任就有不少出席开幕典礼的机会。

刘纪文上任之初,建议成立城市建设委员会,在次年开始实施的"广东三年施政计划"中,广州一直是全省区域经济布局的中心,初步建成西村、河南两大工业区,建起了海珠桥、西堤轮渡码头、市立中山图书馆、东山西式住宅等建筑设施。在建设中,刘纪文十分注重细节,他关心的东西不仅是马路与高楼大厦,还有自来水、柴禾、汽油等与市民休戚相关的事情,认为烧柴是很落后的燃料,主张向西方国家学习用煤代替木柴。

7. 并未与宋美龄订过婚的刘纪文

刘纪文与广州市政府职员合影

刘纪文做事仍是雷厉风行,一丝不苟,强调公务员要遵守"公正廉明"的纪律,要有为公众谋利益的服务精神,如果斤斤计较薪俸的多寡与工作是否相当,甚至凭借名义中饱私囊,视做官为发财捷径,那就背离了总理的遗教。

刘纪文颇为念旧,常与友人交换照片留念。1932年6月的一天,他到市工务局视察,得知20年前的一位科长郭日初,仍在原地踏步担任测量员,月薪只有90元。刘纪文十分关心,知道此人工作踏实,只是不会"来事",才官运不佳,特批郭日初升任建筑课技佐,月薪150元。

刘纪文做广州市市长后,非常重视教育行业,力主提高教师收入。那时候,广东教师的工资制度跟其他地方不太一样,其他地方都采取月薪制,广东却流行时薪制,即按照课时发薪水,付出的劳动越多,得到的薪水越高。市政府和广东省教育厅作出的硬性规定,中小学校无论公办还是民营,均分为甲乙两级。甲级高中,每课时工资不得低于8元;乙级高中,每课时工资不得低于6元;甲级初中,每课时工资不得低于6元;乙级初中,每课时工资不得低于4元。

当时刘纪文的月薪是680元,可见,普通教师只要努力付出,其月薪完全有可能超过市长。教师的收入相对也高于其他行业。刘纪文主政广州的时期,是广州教育的黄金时代。

1933年2月15日，刘纪文主持广州河南电力分厂开幕典礼

1936年7月，陈济棠失势下台，西南政务委员会瓦解，刘纪文的广州市长之职由曾养甫接任。他又跑到庐山面见蒋介石，算是表示悔过投降。但蒋介石已不再重视他，只给了他一个广东省政府委员的名分，以吃饭糊口而已。刘纪文感到留在广州与新贵们难以相处，就又跑到上海，由许崇智推荐担任审计部政务次长。男人就怕站错队，刘纪文仕途从此一蹶不振。刘纪文以前的手下张道藩、洪兰友、张剑鸣等人纷纷后来居上，超越了"老领导"。

1933年，广州第一次耆英大会，刘纪文夫妇与长辈合影

六、遗愿归葬南京

政坛失意的刘纪文,感觉宦海浮沉,时有退归林泉之想,他在东山建一书楼,名曰"三思"。三思楼建成后,他花7000多元搜集海内著述秘本及名人书传,客人一入书楼,目不暇给。楼中布置现代,墙壁挂满名人字画,还有古玩瓷器,古色古香。

刘纪文与许淑珍结婚后,伉俪情深,美满幸福,两人育有五个子女:刘曼华、刘恩华、刘良柱、刘良栋、刘庆华。刘纪文很少打孩子。有一年圣诞节,刘恩华与姐姐一起去报佳音并没有告诉家人,一夜未归,第二天才回到家里,为减少挨打的痛苦,姐妹俩不停地搓自己的手,希望搓麻了,被父亲打起来就感觉不疼了。出乎意料的是,刘纪文把她俩叫到面前说:"我打了你们,你们也不记得,你们来打我。"说完伸出手来,一定要姐妹俩打他。姐妹俩边哭,边不停地跟父亲说"再也不敢了"。

1948年全家福。前排左起许淑珍、刘庆华(幼女)、刘纪文;后排左起刘良栋(次子)、刘曼华(长女)、刘恩华(次女)、刘良柱(长子)

1938年,广州沦陷,刘纪文到了重庆,从事慰劳将士、声援前线及通过广播电台向沦陷区进行宣传等工作。1940年2月,刘纪文参加重庆各界慰劳前线将士代表团到桂林、韶关、衡阳、耒阳等地劳军。1944年元旦，在国民政府授勋仪式上，刘纪文获二等景星勋章。1947年11月，刘纪文当选广州市的"国大代表"。1948年，审计部长林云陔去世，刘纪文代行部长职务。1949年，刘纪文先带领审计部部分工作人员前往广州，后随国民党撤退台湾。

在台湾，刘纪文被聘为"总统府国策顾问"，当时的"国策顾问"有几十个，名义上是为政府提供咨询，实际上是一种退休安排。1955年的一天，刘纪文发现自己便血，以为是痔疮，未及重视。后到台大医院检查，确诊肠癌。

太太许淑珍看到何应钦、余海湛的太太虽患肠癌却能治愈，认为是因为她们信仰基督，神的意念增强了她们的信心，就求助于牧师。但当牧师问刘纪文是否接受《圣经》的全部真理时，刘纪文回答说："我相信耶稣有伟大的人格、博爱的精神、牺牲的言行，乃人类的模范，我们当效法他。对于耶稣是童女所生，第三天复活，和他在世界上所行的神迹奇事，因为不合科学，故我是不能接受的。"牧师与信徒屡向他解释，刘仍然坚持自己的见解。

1956年春，刘纪文在美国做了手术，但为时已晚，癌细胞已转移到肝。次年3月13日在进医院的前一晚，刘纪文对妻子及儿女说："我这次进医院，若好了，我要再次为国为民，拼此老命！如果不能医治，请把此躯给医学人士解剖检验，或许有所贡献……"

1957年4月12日，刘纪文在美国洛杉矶望城医院病逝，享年67岁。生前，他曾有遗骨归葬南京的愿望，他想南京人民是愿意他魂兮归来的。刘纪文在美国病逝后，身在台北的宋美龄专门发函吊唁，这在宋美龄106岁的一生中，是极为少见的。

8. 邵元冲与夫人张默君的姐弟恋情

1890年出生的邵元冲,字翼如,浙江绍兴人。1911年赴日本留学,1914年加入中华革命党,1924年后历任国民党中央候补执行委员、中央政治委员会委员、粤军总司令部秘书长、黄埔军校政治部代主任、国民党中央青年部部长、立法院副院长代理院长等职。邵的资历虽算显赫,却依然不及夫人张默君。值得一提的是,国民党政要三妻四妾、绯闻频传的很多,可邵、张两人的姐弟恋情却传为佳话,邵元冲婚前追求13年,两人共同生活13年。1936年12月,邵元冲在"西安事变"中受伤过重抢救无效去世。张默君悲痛至极,从此守身独居,安然以"邵寡妇"之名度过余生。

1918年,邵元冲(后右)与朱执信、廖仲恺等人合影

一、一厢情愿的追求

学生时的张默君

邵元冲对张默君的追求从1912年开始，当时他23岁，由《民国新闻》主编转任国民党驻上海办事处编辑主任，邂逅30岁的张默君，一见倾心。

张默君，1883年出生，湖南湘乡人，名昭汉，号涵秋。张默君的父亲张通典是清朝举人，1905年加入中国同盟会，辛亥革命后任孙中山临时大总统府秘书、内务司司长。母亲何承徽，系出名门、知书达理。张默君从小受到家学熏染，读书习字，少女时期名声闻于乡里，有"不栉进士"之称。

张默君先后肄业于上海务本女校师范科及圣约翰女子书院文科。她与张謇之女张敬庄、章太炎夫人汤国梨及舒惠珍、谈社英等同学，砥砺交流，共同阅读谭嗣同的《仁学》、邹容的《革命军》和《新湖南》《浙江潮》等进步书刊，反清革命的思想在胸中逐渐酝酿成熟。她1906年加入中国同盟会，与秋瑾、赵声等人在浙江进行秘密革命工作。可见，其资历比邵元冲老得多，堪称是个"大姐"。

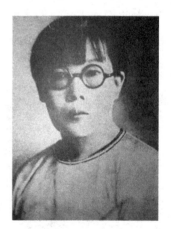

才女张默君

辛亥革命后，张默君爱上了挚友蒋作宾，有意将其带回家让母亲参谋，谁知蒋竟与张的三妹张淑嘉一见钟情，不明就里的母亲也表示赞成。看到自己的恋人成为妹夫，从中牵线的竟是自己，张默君感情受到创伤，一时发出气话：终身不嫁。

风华正茂的张默君在当时算得上是一位风云人物，长于诗文，又善书法，风姿绰约，光彩照人，堪称"白富美"，倾倒不少男子，邵元冲便是其一。但邵元冲在张默君面前，只能呈仰望之势。张默君功成名就,前程似锦,自己并不愁嫁,心思也不放在婚姻大事上,所以并没把邵元冲这个小弟弟放在眼里。

邵元冲空有一相情愿,终日郁郁寡欢,虽有好心人出谋划策,进行撮合,无奈邵元冲生性拘谨,处事严肃惯了,说话直来直去,缺乏幽默感,实难讨得女性喜爱,几次试探都不得要领而败下阵来。每逢这种场合,张默君总是冷冷相对,金口难开,搞得邵元冲无从下手、难以接近。

正当邵元冲束手无策之际,有人道出张女士的"非将军不嫁"之说。不知道是缘出这位张女士自命清高,还是欲教郎君觅封侯,建功立业。消息得到证实后,邵元冲暗下决心,一定要弄一个将军荣衔来面见张默君。

民国初期的将军虽然很多,但成为将军对于邵元冲这一介书生来说,却是件难事,从未习武从军,何以成为将军?数年过去,终于等到了机会。1915年冬,各省纷纷起兵讨袁复辟帝制,居正领兵在山东起义,任讨袁军东北军总司令。由于与居正共

早年的邵元冲

过事,邵元冲投奔到居正帐下,被任命为东北军警备司令。这个并无多少实权的职务,对于邵元冲来说意义非同一般。终于达到心上人的婚嫁要求,可以重新展开爱情攻势了!

二、张默君从"非将军不嫁"到"非留学生不嫁"

邵元冲兴冲冲地以将军身份去见张默君,心想应该水到渠成了吧。但没想到,张默君对"非将军不嫁"一事只字不提。兴冲冲的邵元冲见此,犹如一盆冷水浇下,顿时不知所措。不由感叹:倒袁护国大功告成,求婚之路却依然坎坷。

好心的友人对邵元冲颇为同情,终于探得张女士的新条件:现在的张女士已由"非将军不嫁",转为"非留学生不嫁"了。邵元冲费尽心机得来的将军荣衔,现在张女士的眼中,已转而不值分文了!当时

的"非将军不嫁"难道是推托之辞,现在的"非留学生不嫁"是敷衍推辞,还是有心激励?这位"高价姑娘"鬼得很,真是让人琢磨不透!

邵元冲甚为气恼,觉得张默君在作弄人!可自己却是心甘情愿的呀!1918年,张默君到美国深造,取西文名莎菲亚。邵元冲认起真来:既然你张默君"非留学生不嫁",并已出国读书,那我邵元冲也出洋留学几年,到那时再看你还有什么话说。

1919年,邵元冲动身赴美留学,就读于美国威斯康星大学。一学就是四年。留学期间,邵元冲奉孙中山之命,视察海外党务。恋爱是所学校,哪怕只是单相思。邵元冲一往情深,甘心情愿做爱情的俘虏,不经意间成为"文武全才"。

1923年11月,邵元冲由美赴苏,参加赴俄考察团,到苏联各地考察。接着,他又由苏联转去德国游学、考察。邵元冲作为孙中山的随从人员,颇得孙中山的信任和器重。1924年1月,国民党召开第一次代表大会,会上孙中山亲自提名邵元冲为中国国民党候补中央委员。当时邵元冲仍在西欧考察。1924年四五月间,邵元冲回到广州。当时正是革命高涨的时候,中华革命党刚刚改名为中国国民党,党内正进行认真的改组。国民党内对从国外回来、接受了西方新知识的留学生非常重视。邵元冲回国后,就全身心投入到孙中山主持的国民党改组工作中。

张默君后来又到欧洲考察教育,一晃就是三年。在此期间,张默君为另一个妹妹张侠魂择婿,选定了年少才美的竺可桢结婚,成为一时佳话。她看到妹妹们找到了如意郎君,相继结婚,何尝不为自己着急呢。她有时也会想到邵元冲,但两人有几年没联系了。

邵元冲已过而立之年,事业有成,诸事顺心,唯有佳偶未得。一日,他的好友黄季陆来访。他对邵元冲与张默君的爱情曲折知之甚多,也非常关心,还半开玩笑地说张默君仍未婚嫁就是为了等他。邵元冲百感交集,心里一阵苦涩。自己几年来从军习武、漂洋过海,不都是为了她吗?多少年的日思夜想,她能感应得到吗?

三、终于赢得芳心

邵元冲决定发起爱的总攻,他想到一个好主意。他将自己新出版的《美国劳工状况》一书寄给张默君,一则可以表明这几年时光没

8. 邵元冲与夫人张默君的姐弟恋情

有耗费,二则可免碰钉子之难堪,三则可以把自己在广州的详细地址明明白白地写上,四则可以传递一个既清楚又含蓄、既急切又不失自尊的信息。如若张小姐收到书后又了回音,便可证明她对自己的感情余烬未灭,还有重修旧好的可能。

张默君当时在南京出任江苏省第一女子师范学校校长,年过40,美人迟暮,独守闺房,已是剩女。接到邵元冲的书函,午夜梦回,埋藏在心底多年的情愫,有如触电重温,百般滋味上心头,不禁被邵这份百折不回、矢志不渝的情意感动,作诗回应,其中一首为:放眼苍茫万劫余,八年一得故人书;天荒地老伤心语,忍死须臾傥为予。张默君在复信中,除了对邵元冲的《美国劳工状况》一书大加赞扬外,还对接到邵元冲的音讯感到喜出望外,表达了深深的思念之情。

邵元冲见到张默君的诗后,大喜过望,饱蘸浓墨,依原韵唱和六首,其中一首为:危涕重携话劫余,梦魂时篆掌中书;披衷朗月精贞见,万里来归傥起予。从这以后,两人书信往来十分频繁。信中自不免山盟海誓、情意缠绵,非局外人可以想象。这种诗歌相答、互诉衷情的鸿雁传书,虽不及现在发邮件、短信频繁快捷,但那种企盼和可以看到对方笔迹的亲切,是现代人感受不到的。邵元冲终于敲开了张默君小姐的心扉。

中年邵元冲

多年以后,张默君谈起当时收到邵元冲寄书的感受:坦率地说,当时拿到那本书,一边拆阅,一边全身发抖,因为埋藏在心底多年的情愫,一旦重温,不觉百感交集,有如触电一般。可见两人在八年分离中的相互思恋。

1924年9月,经过13年不胜艰苦的追逐,邵元冲这场漫长的追求终于赢得了美满的结局,与张默君在上海举行了隆重的结婚典礼,新房设在静安寺路上的沧州饭店。结婚时两人青春已逝,邵元冲35岁,张默君42岁,现在看来都已是晚婚,更不要说在当时了。据说,张默君结婚前一天在一位朋友陪伴下去饭店看新房布置得如何,饭店工人居然向她问道:"老太太,小姐明日几时到?"张默君听了,气得差点哭出来。

婚后的张默君曾有美人迟暮之叹而暗中饮泣,好在有邵元冲对张默君百般抚爱。每逢张默君生辰,邵元冲均郑重其事且载入日记;每当张默君身体不适,邵元冲都会尽量在家"伴疾",因公务不得不外出则殊感不安;张默君性情颇多褊急躁郁,"性刚使气","语多牢骚",邵元冲也多包容体谅。两人的婚后生活,经过磨合十分幸福,似乎是"姐弟恋"的一个范本。

中年张默君

四、婚后生活留下美好的回忆

国民政府定都南京后,张默君被任命为中央政治会议上海分会教育委员兼杭州市教育局长。1929年,南京考试院成立,她出任考试院考选委员会专门委员。同年7月,国民政府于首都举行第一届高等考试,她受命为典试委员。

在首届高等文官考试一百多名合格者中,竟无一女性。放榜之际,有的女生失声痛哭。出任典试委员的张默君更是禁不住伏案流泪,觉得"诚信未孚,阴德亏损"。好在第二届文官考试合格人员101人中,有两位女生中榜。张默君笑容满面,扬眉吐气地用车把两位"女状元"接到自己家,兴高采烈赠送铜尺一对,又亲书中堂两幅,可见其"女权"思想。

1931年,邵元冲偕夫人回乡扫墓,持家谱到龙尾山村邵家祠堂认宗。当时的邵元冲位高权重,一些村人误以为邵元冲认宗后,会借机占邵氏宗祠田产,因此相拒。邵元冲一气之下,赌气在下岭仿造了第二个邵家祠堂,这在当时邵氏宗姓中引起不小轰动。

1933年夏,夫妻二人同登泰山,饱览泰山壮丽景色,张默君在泰山云步桥南留诗一首:"笑指齐州九点青,漫教治乱问山灵;且将同梦生华笔,来写千秋泰岳铭。"有意思的是落款:"登泰山偕翼如,民国廿二年夏,湘乡张默君并书。"一个"偕"字,道出了主从关系,不一定是邵元冲惧内,一则张年长,二则张出名早,三则早年为邵上司,居高临下习以为常,因此邵便有从属的地位了,妇唱夫随,邵算是服从大局,

8. 邵元冲与夫人张默君的姐弟恋情

当的是"模范丈夫";后面一个"并"字,暗含了张默君的傲气,意思是诗不仅是我作的,而且字也是我写的,其性格可窥见一斑,颇有现代女强人风范。

邵、张两人登泰山、游崂山、逛雁荡,出双入对,形影不离,感情甚笃。邵元冲先后在上海、广州等地任职,是总理遗嘱的见证人之一,还当过第一任杭州市长,官至立法院代理院长,1935年在对日外交上与汪精卫决裂而辞职。

1936年12月,邵元冲应蒋介石之邀前去西安,住在西京招待所。12日晚,邵元冲听到枪声不听劝阻,逾窗而走,被杨虎城的宪兵开枪击中,两天后不治身亡,成为西安事变中唯一牺牲的高级官员,年仅47岁,可不叹乎!

邵元冲、张默君在泰山的留诗

噩耗传来,共同生活13载的张默君肝肠寸断,悲痛至极,为此写下了大量怀念的悼词,感情受到重挫,此后心如枯井,不再谈情,"邵寡妇"名成一时。1938年,张默君回到阔别多年的故乡,潜心作诗、绘画、写字。蒋介石对她非常器重,1940年把她接到重庆出任考试院副院长,1947年9月钦定她为国大代表。1965年1月30日,张默君因胃癌在台北病逝,享年82岁。

张默君对邵元冲坚贞不渝,守身独居29年,这比起邵元冲十多年的执着追求,时间更长。他们两人的浪漫爱情也流芳后世。

9. "惧内"的戴季陶

戴季陶谱名传贤,学名良弼,字选堂,复字季陶,笔名天仇,中晚年号孝园,法号不空。1891年1月出生于四川广汉西街一个经商兼儒医的家庭。戴季陶先祖是安徽徽州人,后来迁居浙江湖州吴兴,高祖在清乾隆末年由浙入川,辗转至广汉。戴季陶后来说自己是浙江湖州人,与蒋介石就算是同乡了。戴季陶早年跟随孙中山,后来追随蒋介石,曾任孙中山私人秘书、大元帅府秘书长、国民党中宣部部长、考试院院长、国史馆馆长等职。戴季陶是蒋介石最为信任的国策顾问,不仅威名政界,其个人生活也颇受人们关注,特别是那些风流韵事,如果没有"姐姐"管着,不知道还能多出多少红颜知己。

早年戴季陶

一、"莲姐"钮有恒

戴季陶的原配夫人钮有恒,原名钮浩,倒是个地道的浙江湖州人,1887出生在一个破落的封建家庭中,是湖州名士钮承聪的女儿,长得俊秀可爱,聪颖水灵,从小饱受生活艰辛世态炎凉,特殊的生活经历形成了鲜明独特的个性。据说她17岁时,决定出家修行,到南浔依塔院当尼姑,与佛结缘。后经母兄苦劝才还俗到南浔浔溪女校读书。

浔溪女校的校长徐自华与教员秋瑾都是颇有名气的女中豪杰,钮浩与秋瑾关系密切,跟随秋瑾做了一些早期的革命倡导和宣传工

9. "惧内"的戴季陶

作。秋瑾被捕后她受牵连被迫离开浔溪女校,将本名钮浩改为钮有恒进入吴兴女校继续读书。钮有恒聪慧过人,以全校第一名的优异成绩毕业,1909年受陈英士、杨谱笙招聘到上海吴兴旅沪女校任教师。

1910年,戴季陶从日本留学归来,在上海《天铎报》任主笔,驰骋笔坛,崭露头角,他经人介绍认识了钮有恒。两人一见倾心,志同道合,不久订婚。1912年春,两人在上海成婚。新婚伊始,戴季陶主笔的《天铎报》因反清立场而被清政府查封。戴季陶对前来探望的钮有恒说:"我不入地狱,谁入地狱。地狱不空,我不成佛,己身不净,不证菩提。"钮有恒勉励道:"主笔不入狱,不是好主笔!"革命豪情一时传为佳话。

戴季陶只身逃往日本,不久,因想念新婚妻子,秘密潜回国直奔湖州。岂料清廷捕快就在钮有恒借住的潜园守先阁外埋伏,守株待兔。幸亏钮家在当地颇有人脉,戴季陶刚下轮船就有人通风报信,钮有恒派侄子半路拦住,将他带到安全地方,才得以幸免。戴季陶好激动,有点神经质,得了神经衰弱后又大病一场,身体很差,幸亏有钮有恒精心照料,并请来名医,找私方,寻名药,才使得戴季陶得以康复。

孙中山在日本演讲时,戴季陶常站在旁边

钮有恒是同盟会的早期会员,有胆有识,敢说敢干,戴季陶对她敬畏有加,私下里叫"莲姐"。戴季陶担任孙中山机要秘书后,钮有恒常去孙中山身边照顾起居饮食。据戴季陶笔记:"民国二年后,莲姐常为总理理杂物。因传贤素以姐称之,总理也以姐称之。"看来,连孙中山都跟着戴季陶叫她"莲姐"。

戴季陶生性活泼好动,又缺乏自制力,在日本与一女子同居生子,因为"惧内",只好恳请同在上海做证券交易生意的义兄蒋介石帮忙。最后蒋介石收留了这个男孩,取名蒋纬国,交由姚冶诚扶养照顾。这个"私生子"成为蒋、戴两人默契的"感情纽带"。

蒋介石、张静江、戴季陶等人在上海从事证券交易,获利丰厚。他们除了提供革命经费外,各自也发了一批横财。戴季陶与夫人在湖州又买了 200 多亩良田,他们在湖州的田产达到 500 多亩。

1926 年戴季陶因支持"西山会议"被国民党二大处分,心灰意冷,提出辞职回到湖州,不久就生了一场大病,几近痴呆,幸亏钮有恒多方寻医访药才得以康复。出院时医生嘱咐少说话多休息。戴季陶喜夸夸其谈,如有朋友来访必滔滔不绝,口若悬河。钮有恒想出一个高招,在会客室隔壁房间安装一只铜铃,遇到戴与人谈话过久或有激动趋势,就摇铃示意提醒。戴季陶每闻隔壁铃声响,便心领神会乖乖打住。

孙中山、黄兴、戴季陶等人与日本企业家在上海正金银行合影

9. "惧内"的戴季陶

1914年7月8日,中华革命党在东京成立时合影,后排左五为戴季陶

1927年,蒋介石与胡汉民再度合作,戴季陶被任命为中央执委及考试院院长。在某次中常委会上,戴季陶又滔滔不绝长篇大论,完全不顾别人的白眼和会议主持人胡汉民的暗示。深知老朋友秘密的胡汉民不动声色写了张纸条"你姐姐来了"递过去,戴季陶见条会意一笑,即刻停止喋喋不休。

相传戴季陶为国民党起草《党员守则》时,苦思冥想写了"仁政为接物之本"、"信义为立业之本"等十一条后,绞尽脑汁再也想不出第十二条了。正愁眉不展之时,夫人送来了新沏的莫干黄芽茶,戴季陶灵台一亮,提笔写道:"十二,有恒为成功之本。"这十二条后来成了国民党大会小议必背诵的玩意儿。有人开玩笑说,就因为名字天天被这么多人念叨,终日吃斋念经的戴夫人会折寿的。

钮有恒的性格,与戴季陶的

1924年孙中山从日本赴天津,船上同李烈钧(右)、戴季陶(中)合影

103

容易感情用事恰恰相反,十分理智,遇事冷静,做事有恒心。戴称赞曰:"其为人也,名如其人。"很多时候,她就像姐姐,或像母亲一样爱护、约束、帮助戴季陶,以己之长,补戴之短,是国民党高层"河东三狮"之一。但在夫妻之间的性生活方面,钮有恒表现冷淡,特别是1912年生下儿子家秀(戴安国)以后,潜心修佛,精心理财,料理田亩、家产,冷淡了浪漫成性的戴季陶。

戴季陶喜欢喝酒,多次因酗酒惹祸。钮有恒给他打了个金戒指,上刻"恶旨酒",以帮助戒酒。这效果只维持了一年多,后来戴季陶喝酒如故,连那枚戒指也不知丢到哪去了!看来,夫人管束再严,也有漏洞可钻。

戴季陶虽然惧内,但仍不放过任何寻欢机会,甚至是夫人的外甥女,都敢于下手。好在钮有恒觉察此事后十分冷静,并未大吵大闹,而是默认了他们这种关系,三方平安共处。

上海沦陷后,戴季陶随国民政府西迁。钮有恒因患高血压不宜远行而留在上海隐居。夫妻两人只有靠鸿雁传书以解相思之苦。5年后,钮有恒从上海历经千辛万苦赶到重庆与丈夫相聚。在到四川的路上,钮有恒落发并穿上僧衣,经过十几处敌哨,因为她熟谙日语,所以为他们讲解十善业的道理,劝他们不要滥杀无辜或放火烧城等。

戴季陶看到风尘仆仆的妻子,高兴得泪流满面。因为长途跋涉,加上多年卧病,钮有恒脸色蜡黄,体力耗尽。钮有恒到达重庆后,住在上清寺的陶园,修持更加精进,只与丈夫团聚了四个月。

1942年9月15日,钮有恒在重庆寓所吃好午餐。因是佛教居士,她多年养成了过午不食的习惯。那天中餐她多吃了一点,就靠在一张大靠背椅上养神。不知何时,竟瘫软到地面上。赵季官发现时,她早已人事不省,墙壁上留有:"十念圆成佛果现,三心顿了妙莲开"。戴季陶和赵季官忙派车将她送到医院,确诊为突发性脑溢血,已经离开人世,时年56岁。

二、终成正室的赵季官

从1918年起,钮有恒为了管理在湖州、长兴新置的田地房产,经常待在湖州。戴季陶虽也有隐居湖州的念头,但常常为了从事革命活动,跑广州,居上海。他居上海时,钮有恒不在身边,生活就不大方

9. "惧内"的戴季陶

便。加上二次护法斗争失败以后,他开始精神不振,心里常处于失望、紧张和矛盾之中,"体质下降"、"未老先衰"。为了照顾好夫君的身体,特别是照料好戴家家务,钮有恒便决定将自己的外甥女赵季官带到上海,给戴家当女佣,照顾戴季陶的衣食住行。

1922年春末夏初,戴季陶第一次看到20出头的赵季官时,眼前一亮,那动人的妩媚,动人的纯情,一下子就抓住了戴季陶的心。脱离了夫人的视线范围,戴季陶总算逮到了机会,情场老手对付涉世未深的小姑娘岂不是手到擒来。钮有恒很快知道,虽然生气,但想到生性风流的丈夫是容易出轨的,不如就势同意纳妾,总比丈夫在外乱找的好。

1925年,黄埔军校政治部主任戴季陶

其实,钮有恒何尝不知戴季陶的脾味,将青春年少、含苞欲放的外甥女带来,岂不是送羊入狼口,她岂不知孤男寡女长期同居一室,哪有不出事之理。可能钮有恒如此安排,也是不能满足丈夫需求的一种补偿吧。但接下来需要承担的风险是,戴季陶会不会喜新厌旧,让后来者居上呢?钮有恒对这是有信心和把握的!

戴季陶不愧是搞理论的,先是承认在个人感情方面又一次"堕入魔中",再就表明自己是有良心的,只是意志有点薄弱,也有风流的毛病,永远不会遗弃患难与共,并完成传宗接代重任的"糟糠之妻"。一场预计的狂风暴雨很快转化为风平浪静。赵季官成为戴季陶侍妾。钮有恒与外甥女共侍一夫,三人和平相处。

赵季官是个忍辱负重的女子,为了心爱的人,默默承受着侍妾身份,精心伺候着戴季陶,并为他生下一女。

戴季陶生性好玩,早年恶习不少,志行脆弱,自制力较差,在日本养成了一种浪漫的性格,不容易改变。他年轻时常在外寻花问柳,留下许多风流韵事,虽然提倡"一夫一妻"的新生活,但是自己却长期过着一夫多妻的生活。胡汉民曾说戴季陶天天哭丧着脸,讲些忠孝、仁爱、信义、和平的话，算昌明总理遗教，而自己所作所为，往往相反。戴季陶还好酒，戒酒多次终未戒成，常与同席者尽醉，酗酒伤身，又易惹是非。但当了考试院长之后，戴季陶的一些恶习还是多少收敛了些，这恐怕就是"克己复礼"的成效吧。

1920年代的戴季陶

1944年，钮有恒辞世一年半，戴季陶三喜临门。第一喜，1月27日，戴季陶将赵季官扶为正室；第二喜，3月，戴的女儿家祥与丹阳大家束云章的长子束会时订婚，定于第二年1月28日，也就是在戴、赵结婚周年之日完婚；第三喜，8月，戴安国与钮因棠喜添贵子，戴季陶本来因身体不好而卧床休息，闻此佳音，竟然从床上跳了下来，乐呵呵地当上了爷爷。

戴季陶终于与做了自己22年侍妾的赵季官举行了结婚仪式。这既是对前妻承诺的遵守，也是给续弦的一个名分。因为年岁已高，没有大办婚宴，只悄悄请了一帮亲朋好友，稍稍作了婚典仪式，便进入老年时代的新婚。赵季官已经满足了。赵季官真是命苦，此后没享几年福便中风瘫痪在床，又感染脑膜炎。

戴季陶早年信佛，素有"戴佛爷"之称，曾幻想将儒学、佛学、三民主义三者合一。后来，面对和蒋介石的政治缘分渐尽，"国事日衰"，体弱多病，为了寻找精神寄托，更加信佛讲佛。1948年6月，戴季陶卸任考试院长，担任国史馆馆长。清闲许多的戴季陶无法排除内心对党国的忧虑，虽在家一心念佛，也无法消除心中烦恼，甚至想出家做和尚。

1948年底，陈布雷自杀身亡对戴季陶感触很大，两人是几十年好友，一为文胆，一为谋臣，辅佐蒋介石重要。如今文胆已去，戴季陶兔死狐悲，悲从心生。戴季陶1949年1月到广州养病，将11个平时拜佛的用古铜铸造的千手观音，亲自送到六榕寺，放在觉皇殿中，还和殿中佛教会同仁谈禅，话中提到，不久自己会脱离此恶世，好像预知死期将至。

2月11日，长期以来的心神不定，在这晚达到了顶峰，戴季陶想

9. "惧内"的戴季陶

到大厦将倾的蒋家王朝,自感有推卸不掉的责任,他不想随蒋到台湾小岛残喘,更不想成为共产党的俘虏……他迟迟不能入睡,不断地服用安眠药,最后终于可以从重重忧虑不安中得以彻底解脱,终年58岁。戴季陶没有留下遗书,用死为国民党的统治留下了无字挽歌。

与戴季陶一同自杀的还有赵季官,后经抢救脱离了危险。以死相随,可见赵季官对戴季陶的感情至深。失去戴季陶的赵季官终日郁郁寡欢,不久,也随丈夫而去。

中年戴季陶

比起苦等22年终得正室名分的赵季官,还有一个女人的命运就要差许多。

三、侍妾赵令仪

1926年1月,国民党二大对西山会议派给予处分。戴季陶在当选中央执行委员的同时,又得到警告:三年内不得从事文字。后经张静江、谭延闿斡旋,戴季陶就任中山大学委员长。同年夏,国民政府任命戴季陶为广东大学校长,但戴季陶以身体不好为理由加以拒绝。不久,广东大学改名为中山大学。8月7日,再次任命戴季陶为中山大学第一任校长。

当时赵季官因为生育暂时离开,戴季陶因为校务复杂繁重,老毛病又犯了,病倒下来,需要专人照顾。善解人意的朱家骅道后,与张静江商量,介绍了张的义女赵令仪给戴季陶。戴季陶当时正在大刀阔斧地开展"反共校务整顿",日理万机,十分劳累,正好缺人照顾。

戴季陶看到赵令仪长得宽额高鼻、眉清目秀,青春性感,十分高兴,但考虑到已有一妻一妾,先还不敢接受,但经不住张静江与朱家骅的劝说。戴季陶想到夫人远在浙江忙于收租,赵季官远在上海,正在生产,而眼前的赵令仪勤快能干,正是目前自己所缺。再听说张静江已征得夫人钮有恒同意,就将赵令仪留在了身边。

1926年10月,中山大学由校长制改为委员会制,戴季陶、顾孟余、徐谦、丁惟汾、朱家骅五人为校务委员。朱家骅担负起整顿派系林立的中山大学的重任,显露出非凡才华,成为戴季陶的得力助手。两个月后,戴季陶赴南昌辅蒋,将中山大学干脆交给朱家骅主持。目高于顶的戴季陶曾公开说"中国只有一个半人才",半个指易培基,一个即朱家骅。朱家骅本是个学者,但想在仕途发展,知道"伯乐"戴季陶的嗜好,就投其所好。

戴季陶在办公

戴季陶在中山大学这段有限的日子里,赵令仪就担负起侍妾的义务,照顾戴季陶的饮食起居。后来,因为赵季官已占据"戴公馆",戴季陶在上海偏僻的周家嘴给赵令仪买了一所两室一厅的房子供她居住,赵令仪一直没有生育,为打发寂寞,收养了一个女孩,取名慕仪。母女俩相依为命。戴季陶有时到上海公干出差,就来看看赵令仪,同居几天。这几天就是赵令仪最快乐的日子。此外,只能一个人望穿秋水,苦等一个不可能长相厮守的男人。

比起赵季官,赵令仪命还惨,不但很少享受夫妻之爱,始终没有得到继室的名分。抗战爆发后,赵令仪被戴季陶送回成都寓所,大半时间在孤独寂寞中度过。伺候戴季陶20多年,实际上是戴季陶风流人生的牺牲品。她中年以后十分凄凉,搬至成都,独守空房,晚年孤身住在成都吉祥巷1号。

关于戴季陶的风流韵事还有不少。20年代,戴季陶在上海革命之余,也出没烟花场所,在一烟馆留下墨宝:"门前债主雁行立;室内

9. "惧内"的戴季陶

烟人鱼贯眠"。此联被老板视若珍宝,悬于厅堂。戴季陶任考试院长后,赶忙命人找到那烟馆,重金赎回对联,并警告老板不可将此事外传。

1947年,上海出版了一本介绍军统与日本特务斗争的小说,其中提到日本女特务南造云子早年曾以美色为诱饵,勾引某国民党元老,探得情报。戴季陶这才感到自己好像就是这位元老,做贼心虚,寻机用重金买下材料后,还担心被人敲诈或世人知晓,惶惶不可终日。年轻时的风流债,偿还起来代价真不小。

应当说,戴季陶还是挺有女人缘的。早在日本留学的时候,戴季陶就得到一位朝鲜李姓公主的垂青。李公主早就被风华正茂的戴季陶吸引,双方一见钟情,很快坠入爱河。公开正式宣布订婚。由于李公主身份特殊,日本政府介入干预。不久,李公主悄

晚年戴季陶

然消失,杳无音信。戴季陶刻骨铭心的初恋戛然而止。到底是谁拆散了这对情侣?差点成为驸马的戴季陶一直都琢磨不出。

戴季陶是有才情的。他是蒋介石最得力的"畏师良友"、"理论指导者"及幕后军师。他以自杀的方式了却一生,也算是对得起党国和义兄蒋介石了。叶落归根,戴季陶死后,其子戴安国运灵柩直飞成都,将其与夫人钮有恒合葬在成都郊外的墓地。

10. 与元配相伴到老的"花花公子"孙科

1910年,孙科与父亲孙中山在檀香山合影

出身于1891年10月20日的孙科,是孙中山的独子,三任广州市市长,历任行政院、立法院院长等职,因为特有的"光环",是个政治"不倒翁"。孙科自幼接受西洋文化,学识渊博,风流倜傥,受当时风气影响,也玩起过"金屋藏娇",明确表示有两位夫人。孙科的元配夫人知道后当然生气,但经过多年的风雨同舟、不离不弃,终于赢得丈夫的信赖。两人携手渡过后生。

一、元配夫人陈淑英

陈淑英,1893年8月出生于檀香山哗芙市,有兄弟5人。陈淑英祖上世居广东省香山县(今中山市)茶东村,外祖父孙观成是孙中山的三叔。父亲陈棣棠,字秋光,檀香山老同盟会员,早年热心支持孙中山民主革命,与孙中山建立了友谊。其母孙殿是孙中山的堂姐。按辈分,孙科是陈淑英的表兄。

陈淑英为人聪敏,在檀岛学校读书时,和孙科既是同学,又是亲戚,相知日深,过从甚密。她早年受孙中山及父亲的思想影响,在校接受民主自由的教育,不满清政府的腐败政纲,18岁那年便加入孙中山所领导的同盟会。此时的孙科亦秉承家训,热心革命,两人志趣相投,遂订婚约。1912年7月20日两人在檀香山结婚。

10. 与元配相伴到老的"花花公子"孙科

1925年孙中山去世后,孙科父子与宋庆龄守灵

其后,两人双双赴美国加州大学读书,志同道合,同甘共苦。长子治平、次子治强相继出世后,陈淑英辍学专门在家操持家务,供孙科继续深造。1917年,孙科全家迁到广州居住,当时孙科在大元帅府任公职兼任英文报社编辑,工作甚忙,陈淑英就携带两个儿子返回翠亨村侍奉婆婆,使其得享颐养孙之乐。陈淑英是典型的中国旧式妇女,勤俭持家,贤劳备至,把全部时间与精力皆用之于家庭,是一个标准的贤妻良母。但有时也敢于抛头露面。

1929年,孙中山灵榇抵浦口后由宋庆龄、孙科(前左二)
及其妻陈淑英(左三)等亲属护送前往江边威胜舰

有一次,先施公司为了推销商品,准备举办女模特表演,并专门请化妆师到香港为顾客化妆,可那个时代,女性多深居家中,不敢抛头露面,当时正在香港的陈淑英知道后,第一个登报表示愿意接受化妆。她的举动在港澳引起轰动,带动了不少妇女前往先施公司。

1922年6月,孙科长女孙穗英出世不久,陈炯明发动叛变,孙科全家往返于沪粤之间,受尽颠沛之苦。孙科曾自告奋勇单独前往慰问政治态度不明朗的桂系军阀沈鸿英部。陈淑英虽十分担心,但为了革命,仍支持丈夫这一举动。1924年10月,孙中山北上,孙科夫妇也随侍左右,至1925年孙中山逝世、次女穗华出世后举家返回广州。1926年北伐期间,陈淑英曾赴上海与丈夫相会,因革命形势不断变化,她只好带着子女奔波各地。

孙科及夫人陈淑英在金陵大学校长陈裕光陪下参观校园

抗日战争期间,孙科在重庆,陈淑英携家往香港暂住,乘时养病,直至日军入侵香港前才化装逃走,有几次竟撞入汉奸魔掌,好在能逃离,化险为夷后终抵达重庆。陈淑英对日本侵略中国,同仇敌忾,带头并发动子女在香港组织爱国青年百多人,成立"中国青年救护团"。抗战胜利后,这班抗日青年曾送给陈淑英"救护团之母"的荣誉称号。陈淑英是孙科的发妻,也是孙氏族谱上孙科唯一的妻子。1937年11月,陈淑英在中山县(广东省第一选区)当选国大女代表。她与孙科共同生活了61年,差不多也是孙氏家族中享年最高的人。1990年,陈淑英在台北去世,享年98岁。

二、"金屋藏娇"

孙科出任国民政府立法院院长期间，由于夫人在外地养病，不免感到有些寂寞。就如旧时达官贵人一样，除正室之外他也玩起了"金屋藏娇"，还时常成为桃色新闻的男主角，严蔼娟则是这些新闻中的一位女主角。1932年，严经由孙科的手下介绍和孙科认识，此后两人便同居了近四年之久，孙科任立法院长时，严氏还到南京充任孙科的"私人秘书"，两人生活甚为甜蜜愉悦。

1935年，孙科偶然结识了上海交际场上的名花蓝妮，又顿生

孙科任广州市长时，
悠闲地在办公楼前遛狗

情愫，很快，孙科冷淡了严蔼娟，并迎娶蓝妮为二夫人。适时，严蔼娟已身怀六甲，面对孙科无情的遗弃，她无可奈何。后来双方反目成仇，严蔼娟不甘被孙科抛弃，不肯示弱，状告孙科。后经杜月笙和上海大律师吴经熊出面调解，孙科同意支付严蔼娟生活和教养费用，严女士才偃旗息鼓。

1936年3月，孙科与严氏的女儿孙穗芳在上海出生，然而次年全国抗战爆发，上海、南京相继沦陷，国民政府迁都重庆，孙科也去了重庆。严蔼娟曾设法托人，央求孙科为女儿提供点生活费，却未能如愿。严蔼娟在上海带着女儿孙穗芳，再也无法和孙科联系上，迫于

1935年，孙科与蓝妮结婚后
在上海的合影

生计，失去生活来源的严蔼娟带着一岁的女儿只得改嫁他人。

严蔼娟并未就此息事宁人，而是不断纠缠孙科。孙科曾经几次

给钱,以作养育女儿之用。日本投降后,严女士曾四处托人找孙科,希望孙科看在女儿的情分上给予资助,还接连给孙科写过两封信。1946年5月,孙科作了回应并且赠款。在战乱年代,单身母亲一人带个孩子确实不易,严蔼娟后来遇到困难,也总是想得到孙科的帮助。

蓝妮1912年7月出生,曾名蓝巽宜,是云南哈尼族苗王后代,容貌秀丽,对中国古典诗词也有一定了解。家道中落后,蓝妮18岁时嫁给了上海名门李调生次子李定国,以使蓝家每月能得到李家补贴的100元钱。因为在李家没有地位,加上丈夫胸无大志,23岁的蓝妮在为李家生育了3个儿女之后,毅然与丈夫离婚,单身独居。

1938年,蓝妮在重庆,俨然一个"小富婆"

1935年,在上海的一次家庭宴会上,时任立法院长的孙科与蓝妮一见钟情,旋即邀请她担任自己的私人机要秘书,两人感情与日俱增。作为私人秘书,蓝妮将工作场所整理得井井有条。她还了解孙科的生活习惯,将日常饮食都作了精心安排,让孤身在外的孙科感受到家的温馨。交际场所则更是蓝妮大显身手的地方,落落大方、侃侃而谈,孙科慢慢觉得离不开这位"苗族公主"了。

不久,孙科决定娶蓝妮为二夫人。婚礼那天,孙科请了立法院的同事,一共摆了4桌酒席。在同事的祝贺声中,他说:"哈哈,我是知法犯法,罪加一等……"孙科娶了蓝妮后,为了表示自己对她的忠贞感情,于1936年6月26日亲笔给蓝妮写了一张字据:我只有元配夫人陈氏与二夫人蓝氏二位太太,此外决无第三人,特此立证,交蓝巽宜二太太收执。

1938年8月,蓝妮在上海生下了女儿,孙科给爱女起名叫孙穗芬。不久,蓝妮告别尚在襁褓中的女儿,与孙科前往重庆。当时,蓝妮广泛地与社会各界人士交往,与邓颖超、康克清等共产党人关系甚好。1940年蓝妮独返上海,回到女儿孙穗芬的身边。蓝妮是孙科公开承认的二夫人,他们之间的曲折恋情对孙科的政治生涯也产生了一定的影响。

1938年,蓝妮陪同孙科在重庆会见友人

抗战胜利后,孙科到上海与蓝妮母女住在一起。不久,孙科又带着蓝妮母女赴澳门拜见母亲卢慕贞。卢夫人对蓝妮及小穗芬十分喜欢,一家人十分开心。不久,孙科因为公务繁忙,又带着蓝妮母女北上回京。

陈淑英知道孙科在外边高调养有"二夫人",并没有像一般女人不顾一切地吵闹,而是依旧默默地支持着丈夫。两人关系终于在1948年出现了转机。

三、患难见真情

由于种种内忧外患,蒋介石筹划已久的"行宪国大"延期至1948年3月底才匆匆开场,蒋介石毫无悬念地当选总统。"副总统"竞选异常激烈。

孙科在孙中山画像下的留影

蒋介石和国民党高层的主观意图是希望孙科当选,最不希望的实力派李宗仁当选,因桂系实力在当时仅次于中央军。六位副总统候选人的签署提名结果是:孙科540人,于右任512人,李宗仁479人,程潜338人,莫德惠211人,徐傅霖132人。孙科位居榜首,于右任居次席,均超过了李宗仁。在"陪选"的无党派莫德惠和民社党徐傅霖第一轮就被淘汰后,于右任和程潜又相继落马。第四轮的副总统选举在孙科和李宗仁之间进行。新闻媒体铺天盖地地受后台老板指使,发表贬褒不一的文章,一会儿是《广东代表不投孙科的票——一个广东代表的来函声明》,一会儿又有《请代表先生注意!反对威胁政府贪污跋扈军人李宗仁当选副总统》等。

孙科与元配妻子陈淑英及子女治平、治强、穗英、穗华

10. 与元配相伴到老的"花花公子"孙科

1948年,"行宪国大"在南京召开,孙科竞选副总统的海报悬挂在户外

许多人都认为,孙科有蒋介石做后台,稳操胜券。然而,这时发生了一件导致孙科功败垂成的所谓"蓝妮事件"。《救国日报》头版头条刊登了一篇报道,说抗战胜利后,国民党的中央信托局没收了蓝妮的一批德国进口颜料,作为敌伪财产处理,可是孙科致函国民大会秘书长,说这批颜料为"敝眷"蓝妮所有,要求发还……《救国日报》的报道出来后,孙科在选举中大受影响,在第四轮选举中,李宗仁最后击败了孙科,当选为国民政府副总统。

落选的结果也使得孙科与蓝妮最后分手。据说,当时孙科为了能竞选上副总统,面对政敌利用《救国日报》所做的大肆诋毁,不仅未替蓝妮公开辩解,相反,还为洗清自己做了一些小动作,这就激怒了生性倔强、出钱又出力的蓝妮。孙科和蓝妮从此形同陌路。

最后,李宗仁终以1 438票对孙科的1 295票微弱胜出。孙科戴着墨镜,掩饰失望,陈淑英礼貌地含笑扶着丈夫离场。蒋介石得知李宗仁当选,气得踢翻了收音机。到了总统就职典礼的5月20日,蒋介石在着装上又戏弄了一下李宗仁,自己穿着长袍马褂,前佩一枚青天白日勋章。而李宗仁一身笔挺军服,胸前勋章密密地挂了

副总统候选人孙科在会议期间的一次午宴上发表演说,陈淑英坐在他旁边

好几排，一会站在蒋介石身边，一会走在蒋介石身后，活像一个大副官。窘迫得李宗仁真巴不得就职典礼早点结束，但还要故作欢笑地在众人面前与蒋谈笑甚欢。

孙科失望地看到自己落选，身边是元配夫人陈淑英

蒋、李二人在国民大会堂宣布就任后，来到总统府大礼堂，接受军政要员们的集体庆贺。其间，蒋介石夫妇、李宗仁夫妇四人在休息室小座，准备与参加典礼的政府高级官员到子超楼前合影。蒋介石将陈淑英请到了总统夫妇中间，并与她亲切交谈，宋美龄只好知趣地跟郭德洁闲聊。最不自在的是李宗仁，只好无奈地一个人喝着闷茶。如此"高规格"的场合，能坐在总统夫妇中间谈笑风生，而使副总统喝闷茶，看来也只有陈淑英能做到了。

陈淑英坐到蒋介石夫妇中间，搞得李宗仁只好一个人喝闷茶

10. 与元配相伴到老的"花花公子"孙科

蒋介石给足了陈淑英面子,算是对孙科的一点补偿吧,同时也是再给李宗仁一点难堪。在稍后政要"全家福"合影中,孙科的姿态特有意思,不知道是不是故意地靠近左边的邹鲁,而与右边的李宗仁夫人郭德洁保持了一定距离。

患难见真情,陈淑英不离不弃的真心付出终于换来了丈夫的真心。孙科的花心从此止住,两人携手度过了以后并不富裕的艰难岁月。

四、晚年失意岁月

蒋介石第三次下野后,为了钳制代总统李宗仁,继续操控国家机器,请出孙科出任行政院长,与李宗仁唱对台戏。孙科自感临危受命,并不吸取多次被蒋耍弄而一败涂地的教训,在蒋介石的唆使下,反对李宗仁与中共的和平谈判,将行政院迁往广州,造成"府院分立"格局,连美国人都觉得太过分,开始施压。孙科几边不讨好,只好提出辞呈,到香港寓居。

1950年初,孙科收到台湾国民党中央党部"尽快归队"的信函,为自己的去处左思右想,他不想立刻赶赴台湾,又拒绝了中共的邀请。4月,台湾当局以"逾期不归"为由,撤销孙科的中央常务委员会委员之职。朝鲜战争爆发后,孙科一度想赴台为蒋介石反攻大陆出力,但被拒绝。这时又遇到严蔼娟控告他遗弃女儿的官司,情绪低落,想离开香港赴美国投靠儿女,但护照却迟迟难以获批。后在老友傅秉常的帮助下,孙科才得以赴法国就医。住在傅秉常巴黎郊区的房子里,孙科失去了昔日雄心,有时与妻子陈淑英漫步在巴黎街头,不免有一种飘零

孙科与傅秉常私交不错,这是两人早年合影

异乡的孤独感。

　　1952年圣诞节期间,孙科终于到达纽约,在与儿女欢聚的同时,也确诊患了十二指肠溃疡、高血压、失眠等多种疾病,不得不进行全面治疗,遵医嘱不食米饭、面条、水果,病情虽有好转,体重却明显下降,体虚乏力,好在有妻儿子女的团聚相伴。几次搬迁后,在洛杉矶买了幢临海的房子,修身养性。

孙科与傅秉常在香港

　　孙科与父亲孙中山一样廉洁,不蓄私财,生活清苦,仅靠儿女接济。孙科负责打扫各室卫生,陈淑英负责厨房清洁、照顾孩子及承担琐碎家务。为了节省开支,孙科自己种菜,有时亲自下厨。虽然生活清苦,但精神却很好。孙科喜欢读书,但有时连买书的钱都缺乏,他也购报阅读,以图精神享受。1962年,孙科出任"中华文化教育基金会"董事长,总算好好过了回官瘾。

　　孙科依然关注台湾,对时局直言不讳,还自谦是因为健康问题没能继续为党国效力。台湾政治、经济稳定后,特别是"蒋太子"羽翼丰满后,1965年10月29日,即孙中山百岁诞辰前夕,"孙太子"终于抵达台湾,面对 3 000 多人的盛大欢迎场面,在外受到十多年冷遇的孙科夫妇不禁潸然泪下。

1965 年,蒋经国到机场迎接孙科夫妇

蒋介石给了孙科极大礼遇。孙科除了在纪念孙中山的庆典上发表讲话外,也没有忘记在蒋介石寿辰时撰文祝贺,口口声声:"我是中国国民党员,我服从总裁。"蒋介石看到"孙太子"对"蒋太子"接班已无大碍,也就放下心来,于 1967 年 9 月提议 76 岁的孙科出任"考试院"院长,使台湾政坛又多了一个新摆设。

1965 年,孙科(中)夫妇返回台北,"立法院"同仁举行欢迎酒会

孙科接二连三地出席各种活动,将前些年的失落弥补回来不少,但毕竟年近80岁,体力有所不支。1973年8月,孙科因胃部不适住进医院治疗,9月13日病逝于台北,享年83岁。将经国亲自参加移灵。蒋介石特颁治丧令,并特派严家淦、蒋经国等人主持治丧。

孙科儿女们都赶到台湾。长子孙治平按照父亲遗愿,让孙穗芳回台湾和从美国赶回的孙治强、孙穗英、孙穗华等人一起参加父亲葬礼。孙穗芳受兄弟之托,为父亲选购黑领结,并根据习俗,在黑领结上精心地钉满珍珠,在寿衣口袋里放了金银元宝,在父亲口中放了颗大珍珠,并让他双手握着白玉,安详而去。

1970年10月7日,孙科夫妇共度80寿辰

蓝妮没有去台湾与孙科见最后一面,但她叮嘱女儿孙穗芬赴台为孙科奔丧。1986年,邓颖超邀请蓝妮回国参加孙中山先生诞辰120周年的纪念活动。蓝妮高兴地接受了邀请,并叶落归根,定居在上海故居,安度晚年,直到1996年去世。

11. "理情高手"李宗仁

　　李宗仁,1891年出生,广西临桂人,字德邻,早年毕业于广西陆军小学,1924年,与白崇禧、黄绍竑联合建立定桂讨贼军,打败旧桂系陆荣廷及其残部,统一广西,成为新桂系首领。李宗仁由西南一隅起家,逐鹿中原,英勇抗日,官至中华民国副总统、代总统,是国民党政权中的实力派人物。李宗仁一生先后娶过三个妻子,是国民党政要中少有绯闻的谦谦君子,也是处理夫妻感情生活的高手,不论是元配还是后娶的,都对他深怀敬重和爱戴之情,极力维系着家的和平。家庭的稳定使得他能够全身心地投入到创建功业中。

1914年,任体操教练时的李宗仁

一、元配李秀文

李宗仁与同乡的元配李秀文，同年出生，李宗仁生于8月13日，李秀文生于4月24日，女大男小，这在当时并不少见。李宗仁在此之前与几位女子算过八字，均不理想，却与其时已有"老姑娘"之嫌的李秀文八字非常契合，才由双方父母订了终身。

李秀文原名李四妹，5岁时曾得一场大病，发高烧，嘴唇烧焦起泡，几天水米不沾，父母请来李宗仁的爷爷李如玺看病，李如玺瞧后，说不要紧，开了两副药。由于中药效果较慢，李四妹服药后高烧不退，处于昏迷

李宗仁元配夫人李秀文

中，父母以为没有救了，就把她抬到灰房睡着，等咽气了入土。没想到过了一天后，李四妹居然喊吃粥，吃完粥后大病痊愈。恰巧村里来了位算命先生，看了李秀文的八字，说道："这个女娃是个贵人，我走江湖多了，从没算过这样好的女命，富贵双全、福寿过人、夫荣妻贵，贵不可言啊！"李四妹从此就被村子里的人当作福星，受到全家人的爱护，不必与三个姐姐一样劳作农活家务，只做些绣花、纳鞋之类的轻活。李四妹聪颖贤慧，练有一手好女红。

为了找个相配男人定亲，李四妹被她的"好八字"耽误成了"老姑娘"，快到20岁时，父母开始急了，正好碰上邻村李宗仁家托媒人来说亲。两人八字不但相合，还是大吉大利、夫荣妻贵的好八字，但李四妹父母觉得邻村李家人多，家境不好，怕女儿嫁过去受累，一时犹豫不决。李四妹知道后，坚决地对母亲说："妈，就去这家吧，我认命！再不等了。"两村相邻仅两三里地，但李宗仁和李四妹婚前却从未见过面。这符合当时的规矩。

1911年，李宗仁与李四妹结为连理。因为两人没见过面，当李四妹看到新郎不但具有军人的豪爽和洒脱，而且一脸和善、相貌英俊，不禁打消了顾虑。新婚之夜，李宗仁兴致勃勃地给李四妹取了寓合"锦绣文章"之意的"秀文"新名字。

李秀文心胸宽广、豁达贤惠，见婆家清苦，姊妹多且衣衫褴褛，就

11. "理情高手"李宗仁

从嫁妆中拿出布匹给他们做衣服。李宗仁在军校学业和在外从军,李秀文在家里侍奉公婆,帮助生计,白天勤力做家务活,晚上在油灯下为小叔小姑纳鞋补衣,深得婆婆的喜爱。

婚后两人感情一直很好,第二年长子出生,但没过几个月夭折,这给李秀文打击很大。尽管李宗仁长期外出,离多聚少,但他们两人感情笃定,婚姻生活美满,当时李宗仁远在桂林市读军校,每逢休息日,都是步行60里路回乡下与李秀文相聚。1917年李宗仁驻扎广东新会任驻防营营长,派副官接李秀文前去随军。1918年2月,李秀文生下了儿子李幼邻。

完成传宗接代任务后的李秀文心满意足,因为奉三从四德为天条,对于李宗仁后娶新人,默然接受。她认为李宗仁在外刀光戎马,很是不易,不能让家中琐事让丈夫为难,更不能出丈夫的丑。1924年,李宗仁在桂平新娶郭德洁。当时李秀文在上海,公婆怕她受冷落,怂恿李秀文到桂平去。

李宗仁面对风尘仆仆的李秀文,坦然地说:"我娶德洁,为的是外面应酬多,身边有个照应,你来了,大家做个伴嘛,你看好吗?"李秀文回应道:"好嘛。"李宗仁又说:"她年轻,应该尊重你。有什么事你尽管吩咐她吧,你安安逸逸享福,把幼儿带好就行了,你我都开心!我日后决不亏待你!"

李宗仁与李秀文始终保持着纯朴的夫妻感情,虽没有夫妻生活之实,但李宗仁从来没有忘怀李秀文,儿子李幼邻成为维系两人感情的纽带,母以子贵,李秀文在李家的地位仍高于郭德洁。三妻四妾现象当时很普遍,但能够圆满处理、和平共处的毕竟不多。没过两年,两位妻子和睦共处格局终于打破,郭德洁终于提出两宅分居,离开丈夫的是李秀文。

李宗仁元配夫人李秀文与长子李幼邻

125

这次分离,对于从三十多岁开始就缺少丈夫温暖的李秀文来说,是酸楚的,也是不能用金钱物质补偿的。李秀文已经习惯了与丈夫的分居生活了,好在有儿子陪伴身边。有一次,她与几位太太去城隍庙算命,算命先生一看到李秀文就说:"这太太的相,是万里挑一,我看了这么多的女相,少有你这份福命的,不但贵为夫人,而且福禄寿禧俱全。你丈夫是一人之下,万人之上。我看你眉长、耳长、人中长、手长,你若是男人,是一国之君,若是女人,则贵为一品夫人了。只不过略有欠缺,就是夫妻不能白头偕老。"算命先生的话似乎应验了李秀文的人生。但这话被蒋介石知道后,对李宗仁及桂系倍加防范。

　　李秀文在处理李宗仁和郭德洁关系上是明智的,不失为大家风范,也赢得了尊敬。1939年春,蒋介石夫妇在白崇禧、郭德洁陪同下到李宗仁故居看望刘太夫人,刘太夫人事先曾通知李秀文回来,但大度的她却托辞推脱了,她想如果回去,会使郭德洁感到难堪,不如回避。尽管非常善解人意、识时务,但由此也可看出李秀文心中只有家事,没有国事和政治方面的概念。李秀文的厚道贤德得到了李宗仁的敬重。

　　李秀文对郭德洁很少动怒,但有一次例外。在李宗仁母亲丧礼上,开堂祭奠时男女分祭吊,按常规,郭德洁要排在李秀文后面,但郭非要跪在李的前头,手还几次撩扯了李的头发,李秀文怒起,抬手挡开郭的手,并厉声喝道:"你放规矩点!"郭德洁受此羞辱,反口说李秀文打了她,李宗仁不好评判,大哥李宗唐只好叫郭德洁加入男性祭吊行列。这是唯一的冲突,以后她们就尽量少见面,在美国也是如此。

　　李秀文不喜官场应酬、游乐和军旅生活,安居木田木头村老家,心中只知侍奉翁姑、抚育儿子,难以帮助李宗仁建功立业。李宗仁正值青壮,在大展宏图的岁月里似乎有些许孤寂,再娶当是必然。难能可贵的是李秀文识大体,顾大局,依然相夫教子。

任国民革命军第七军军长时的李宗仁

11. "理情高手"李宗仁

1949年12月李宗仁赴美就医,美国法律规定一夫一妻制,没能带上李秀文。直到1958年4月,李秀文辗转古巴获得赴美定居的签证。李秀文在美国,享受难得的天伦之乐,李宗仁也每个月来到儿子家和李秀文相聚,这对老夫妻此时才能相对而坐,操桂林话,叙叙过去的琐事,是李秀文多年来的奢望和享受。他们的话题离不开家乡和祖国,李秀文强烈地感受到李宗仁不甘愿老死异乡的心绪。但郭德洁一次也没有来过。

1965年李宗仁回国临行前一个月,专程与李秀文母子话别,并对他说:"人说老来思乡,落叶归根,一点不假,你在此言语不通,不能自己外出,又没有朋友来往,生活是很枯燥,还是回中国定居快乐地安度晚年为好。"李秀文说她将来会如他所嘱回祖国养老。

1973年10月31日,李秀文回到了祖国,回到桂林定居,被选为广西壮族自治区政协委员、桂林市政协常委,在熟悉庭院里,颐养晚年。1992年6月18日,这位百岁老人谢世。知足常乐,宁静淡泊,李秀文就是靠这样的心境走完了她的102年人生,平安幸福,也应了"命好"的卦相。

李宗仁的秘书程思远对李秀文女士的评价是:"因秀文女士识大体,德邻先生才无内顾之忧,而能殚精竭虑,致力于统一广西、北伐和抗战大业,纵令秀文女士并不参与其事,亦与有功焉。"

二、事业好帮手郭德洁

1924年,李宗仁联合黄绍竑等人统一广西,李宗仁部进驻桂平。当李宗仁偶遇桂平女子师范学校的校花郭德洁时,忍不住多瞧了几眼,此举被随行的桂平人郭凤岗营长注意,遂向李宗仁建议迎娶郭德洁。

正值青壮年的李宗仁,妻子不在身边,难免身心寂寞,便差人去郭家说媒。郭德洁,1907年生于广西桂平,原名郭月仙,自幼聪慧过人,上中学时就立志要做"出类拔萃的女人",听说李宗仁要娶她,满心欢喜,正所谓美人英雄相互倾慕。

郭家还算殷实人家,郭父是个搞建筑的小老板,想到郭德洁已与桂平景乐的杨家订婚,先有些顾虑,但看到郭德洁已经属意李宗仁,只好单方面悔婚,同意这门婚事。在李宗仁与郭德洁大喜之夜,郭父被杨家绑架,李宗仁只得息事宁人。

李宗仁取"品德高洁"之意,给新妻子郭月仙改名为郭德洁。18岁的郭德洁嫁给李宗仁后,一直追随陪伴,以"李宗仁夫人"频繁出入各种公众政治场合。

李宗仁在家族中提出平妻制,即妻妾平等,前后妻子没有轩轾之分、大小之分、贵贱之分,这对于容貌俊俏、聪明伶俐、心高气傲、才貌双全的第二位妻子郭德洁来说,无疑是一种弥补。郭德洁在家庭地位上,不甘落在李秀文之后,总想有所表现。

1926年初夏,郭德洁在南宁任国民党广西省党部监察委员,并由党部推选为"国民革命军第七军广西妇女工作队"队长,跟随李宗仁参加北伐。在枪林弹雨的战场上,这个纤巧女子时而宣传鼓动、时而救治伤员,被人誉为"梁红玉"。对郭德洁的行止,李宗仁赞誉"簪缨巾帼,相映成辉"。郭德洁有时跟随丈夫骑着高头大马,身着戎装,脚蹬长靴,马蹄嘚嘚,引得路人跟着观看。

郭德洁为"三八节特刊"题词

1926年8月在长沙,蒋介石要与李宗仁拜把兄弟,写了红帖给李宗仁,耿直的李宗仁颇为犹豫,而郭德洁很有心计,看到帖子上结尾落款是"蒋中正,妻陈洁如",心中暗想如果他们拜把子,回帖肯定是"李宗仁,妻郭德洁"的落款,就劝说李宗仁,促成蒋李结拜金兰。

在北伐战火中,高级将领中少有夫人跟随,郭德洁有胆魄相随,

11. "理情高手"李宗仁

与李宗仁同样驰名三军。她最大的收获是与众多国民党要人酬酢往来,建立关系,增长见识、才干。1927年北伐军打到南京,蒋介石等北伐将领们游历南京燕子矶时,随行的女眷仅有郭德洁,为如此众多杰出的男人所簇拥,足以让郭德洁炫耀一生。

郭德洁与李宗仁

北伐归来的郭德洁对李宗仁的政治目标认识得非常清楚,练达老成,俨然已经有广西第一夫人的样子了。她为人做事都以李宗仁的事业为依归,尽其全身心智去辅佐,在重大历史阶段给李宗仁添光加彩。

1938年4月7日,李宗仁在台儿庄火车站站牌前留影

郭德洁是个十分聪敏的人,各种场面应付自如。中原大战时,独居香港的她为消解烦闷,应女友舒之锐女士的邀请到北平观光,郭德洁此行李宗仁不知情。当郭德洁一落天津地界,在码头上就受到数

百军政各界代表欢迎,原来汪精卫、阎锡山等反蒋派,以为郭德洁是李宗仁的专使。郭随机应变,假戏真做。到了北平,与邹鲁、谢持、陈璧君、陈公博等各方要员密切接触,杯盏酬酢。此后张学良入关,郭德洁前往太原,代表李宗仁会晤阎锡山,不仅受到厚待,还得到赠送的四十万银洋,以念及李宗仁南方策应之功。这对于正面临弹尽粮绝境地的李宗仁来说,正是久旱逢甘霖。他由衷地佩服夫人郭德洁的"应变捷才"。

抗日战争期间,郭德洁作为名声显赫的李宗仁夫人,遵从李宗仁叮嘱,在后方做抗战宣传和慈善教育事业。桂林的大街小巷、民众集会频频出现她婀娜的身影,发表抗日演说,组织妇女救国会、市民募捐活动,慰劳伤兵,凡是有益于抗日的事尽其所能去做。郭德洁喜爱菊花的气清高洁,她通过举办菊展来募集抗日救国金,邀请黄旭初等政要及夫人参加,俨然已成为广西女界领袖,与丈夫的桂系领袖身份相匹配。桂系的高级将领都视郭德洁为大嫂。

1938年3月郭德洁参加"中国战时儿童保育会"成立大会,被选为理事,负责广西保育分会的工作。1939年2月,郭德洁在重庆得知国民党政府赈济委员会有拨款在各地收容5 000名难童的计划,当即恳求把在广西收容1 000名难童列入计划,得拨款10万元创办了桂林难童教养院。郭德洁创办的桂林难童教养院,是全国收容难童最多、坚持时间最长的几个教养院之一。这主要是郭德洁社会活动能力强,办事稳当,再加上李宗仁的支持。

时任北京行营主任的李宗仁

李宗仁说:"办个收容1 000名战时难童的教养院,不是一件简单的事,比带领1 000名士兵还要难。"为了开办教养院,郭德洁到处奔忙,向各界爱国人士、社会团体广为宣传,发动募捐,非常有成效。当时社会上曾流行一句半是佩服半是戏谑的话:"李宗仁的那个乡下姑娘是有点本事的人。"登门拜访、写信求助,郭德洁费尽心思,桂林难

11. "理情高手"李宗仁

童教养院的经费大部分都是捐助来的,爱国侨领陈嘉庚允诺供给桂林难童教养院的每一位难童两套蓝卡矶布制服;上海杜月笙被郭德洁说动捐了一大笔款项。

郭德洁陪李宗仁发表副总统竞选演说

桂林难童教养院前后共收容1 200多名难童。尽管条件艰苦,难童们总算是有了可以遮风避雨、吃饱穿暖的归宿。出身师范的郭德洁很有管教经验,她以"教"、"养"并重,设置文化课、农事课、工艺劳作课等功课。难童们在这里度过了他们人生最为柔弱、娇嫩的年华,留下的是深深的情感和难忘的记忆,他们感激郭德洁,称呼她是"郭妈妈"。李济深为郭德洁题词"功逾鞠育",褒扬她的德举。

李宗仁当选副总统后夫妇两人被托起庆贺

郭德洁的最爱是办教育，也许与她曾就读于桂平女子师范学校有关，在国民党高级要员夫人中十分罕见。1941年她在美丽的桃花江畔创办桂林德智中学，主要是招收优秀学子，并接纳难童教养院升学的孩子。德智中学的办学宗旨是教人以德、诲人以智，培养忠孝仁爱、信义和平、崇高美德、德智兼备的学生。德智中学的师资、校舍在当时的桂林是一流的，是一座私立学校，显贵、富家子弟多到这里就学，但也不拒绝贫苦子弟。据德智校友回忆只用五担米作为学费。聘请的老师中很多是进步人士，也有中共党员。德智学子解放后多走上建设祖国的道路，成为国家有用之才，有军人、教师、工程师等。

1948年，就任副总统的李宗仁与夫人郭德洁

1948年，李宗仁有意竞选国民政府副总统，不但遭到蒋介石反对，也受到白崇禧、黄旭初等人劝阻，开始时犹豫不决，是在郭德洁的鼓励下，才下定决心，参加竞选。为了帮助李宗仁竞选副总统，郭德洁用自己的私房钱，将多家饭店餐厅包下，作为国大代表的住会处。一天三餐她都周旋于代表之中间寒问暖，积极为李宗仁拉选票。

郭德洁以她雍容华而不失质朴自然的形象，施展夫人外交才华，张罗各式各样的记者招待会、演说会、酒会，伴随李宗仁左右。她和白崇禧夫人一起在白崇禧公馆开桂林米粉宴，来京开会的国大代表夫人吃完美味的桂林米粉，还会收获精美的礼品。郭德洁的意思是希望这些夫人吹吹枕头风，多多关照李宗仁，还许诺如果李宗仁当选副总统，一定厚礼相报。为了尽可能多地拉票，每当国大开选举大会时，她都陪伴李宗仁站在会场大门外，谦恭地与每一位国大代表握手，想通过这种方式来加深感情和印象。当时代表近3 000人，郭德洁做到这样很不简单了。由于帮助李宗仁竞选上副总统，因而被于右任先生尊称为"第二夫人"。

11. "理情高手"李宗仁

1949年,李宗仁、郭德洁及次子李志圣回到桂林在机场接受仪仗队欢迎

有人说郭德洁有时像李宗仁的私人秘书,有时又像李宗仁的高级参谋,有时还像李宗仁的生活"监理"。郭德洁虽为"二夫人",但以其高雅气质和聪明智慧令"大太太"却步回避,在许多重要场合伴随丈夫出头露面。她与李宗仁没有亲生子女,是个遗憾,他们认养了一个养子李志圣。

1965年7月20日上午,李宗仁夫妇乘专机到达北京。
中国人民政治协商会议第四届全国委员会主席、国务院总理周恩来等
领导人前往机场热烈欢迎。前排自左至右:陈叔通、彭真、李宗仁、
周恩来、郭德洁、张洁清、贺龙

1965年7月,已经确诊乳腺癌的郭德洁随李宗仁回归祖国。次年3月20日,郭德洁在北京病逝,享年60岁。郭德洁与李宗仁结合,相知相伴、同舟共济共42个年头。

三、第三位夫人胡友松

郭德洁去世时,李宗仁已是75岁高龄,儿子远在美国,身边没有亲人照顾,在美国多年的李宗仁以为可以招聘一位贴身生活秘书就行,哪知这与当时的国情抵触,不允许。在周总理的关怀下,程思远先生多方牵线、物色,准备了一些照片备选,李宗仁一眼看上扎着两根黝黑粗亮长辫子、闪着美丽大眼睛、身材高挑的胡友松。

年轻漂亮的胡友松

胡友松生于1939年,是民国时期大红影星胡蝶的私生女。其生父是谁至今是谜,既非胡蝶丈夫潘有声,也非强占胡蝶多年的军统头子戴笠。对于童年,胡友松的记忆里印象最深的是在上海"百乐门",参加给前方战士募捐的活动。她母亲与朋友们在台上表演,她提着小篮在场里来回走动,每当观众投进来钱,她就点头微笑说谢谢,这一段,是胡友松印象里最快乐的美妙时光。

胡蝶历经磨难,建国后到国外定居,将胡友松交由曾是张宗昌姨太太的沈文芝抚养,与亲生女儿没有来往。胡友松遗传了母亲的美貌,中学毕业后在北京积水潭医院当护士,由于家庭出身原因,与一位医生初恋到谈婚论嫁时,却遭到医院领导的极力反对而不得不分手。胡友松受打击后发誓永远不结婚了。

胡友松想改变工作和生活的现状,27岁的她与李宗仁初次见面彼此留下了好印象。胡友松觉得李宗仁"个头其实不高,但很有军人气质,声音很洪亮";李宗仁对胡友松则是"完全被她高雅的气质迷住了"。经过几天考虑,胡友松同意与曾叱咤风云的李宗仁结婚。

1966年7月26日,75岁的李宗仁在北京迎娶了27岁的胡友松。老夫少妻,胡友松对婚姻的长久有些担心,经常愁眉不展。李宗

11. "理情高手"李宗仁

仁对胡友松关爱有加,要求厨师按夫人的口味做菜。有一次,胡友松肚子疼,需用四两南瓜子,李宗仁竟亲自磕到深夜,使从未体验过温暖的胡友松激动得热泪盈眶。

尽管那时"文化大革命"已经开始,胡友松排除干扰,精心照料年老的丈夫,给予他晚年许多安慰和温暖。有人说胡友松与

李宗仁与娇妻胡友松

李宗仁的结合应该说是一种政治婚姻,从统战角度上考虑,胡友松做出了很大牺牲。也有人说胡友松嫁给李宗仁是贪图享受。总之,两人生活受到外界干扰,特别是在文革时间,并不平静。

有一次,胡友松搭坐为李宗仁专配的红旗轿车,到医院拿药。汽车开进医院后即被人围观。有人看到打扮时髦的胡友松,高喊:"打倒资产阶级少奶奶!"胡友松脑袋顿时就"轰"地一下,赶紧钻进汽车离开。以后,胡友松把"大波浪"头发剪掉了,也不敢穿高跟鞋了。这"红旗车事件"竟被小报、大字报大做文章,甚至传出"胡友松被剪'阴阳头',到天安门扫大街"等谣言,后经周总理亲自过问处理才得以平息。

更有一个阴谋悄然登场。《李宗仁秘密回到中国的真正秘密》等文章陆续刊出,编造李宗仁回国另有目的,说他嘴里装着四颗假牙,假牙里装有微型电台,可随时发报,胡友松是派来监视李宗仁的……还说郭德洁早年加入美国特务组织,代号"梅花党",回国与长期潜伏的美国特务、国家主席刘少奇夫人王光美接头时身份暴露,自杀身亡,并编造出一些"梅花党"奇案。虽然中央统战部门表明观点,也请李宗仁不要相信谣言,但李宗仁的情绪还是受到一定影响,1968年8月,被确诊患了直肠癌。

胡友松毕生以李宗仁妻子为骄傲,说先生总是让着她、护着她,给她挚爱,李宗仁临终前对她说:"每年清明节别忘了给我扫墓,让人知道我还有一个年轻的妻子。"胡友松虽然貌美,但性格比较孤僻、自我,

与人相处时而热情似火、时而烦躁凌人,很难有知心朋友,清凄寂寥,可谓悲凉!在与李宗仁生活的这段时间,也是胡友松卄心的日子。

1969年1月30日,李宗仁走完了人生最后历程,享年78岁。胡友松此后生活一波三折。因为身份特殊,备受艰辛,曾坐过牢,被下放劳动。1972年5月,在周恩来的关怀下,她化名王曦,进北京无线电元件九厂当了一名检验工,开始了一种新的生活。她与初恋的医生有过来往,两人清清白白的,没有越过雷池一步。

"文革"结束后,她被调入中国第一历史档案馆工作,直到1989年8月退休。她又结了次婚,短暂且不幸福,又回到她熟悉的孤独生活。1993年胡友松在北京广济寺皈依佛门,领着数百元退休金,研习书画算是其晚年的一个乐趣。1996年8月,她决定把李宗仁的遗物全部捐献给台儿庄人民。为了感谢老人,台儿庄把老人列为台儿庄荣誉市民,并在2005年把老人接到离李宗仁史料馆不远的地方居住。

她晚年来到台儿庄,担任李宗仁史料陈列馆的名誉馆长,将珍藏的李宗仁文物悉数捐献给该馆。2008年,身患癌症的胡友松前往德州庆云县名刹金山寺居住。11月25日,在几十位僧众与佛友们虔诚祈祷的法事氛围中,她以妙惠居士的法身,安然圆寂,终年69岁。她在总结自己人生时,只说了四个字:"一生叹息!"

12. 被夫人妥善处理"情事"的白崇禧

白崇禧字健生，1893年出生，回族，广西桂林人，保定军官学校毕业。1924年任国民革命军第7军参谋长，后任国防部长、华中"剿总"总司令等职，是新桂系第二号首领，因与李宗仁长期合作，私交甚笃，两人合称"李白"。白崇禧是国民党军中少见的统帅型将领，有"小诸葛"之称，但因属桂系，不是蒋介石的嫡系，没受到应有的重用，聪明才智没能得以充分发挥。在一般人看来，白崇禧家庭和睦稳定，其实在这平静之中，也有波澜，好在其夫人马佩璋处理得当，将不良影响化解。

北伐时期的白崇禧

一、才貌双全的夫人马佩璋

白崇禧夫人马佩璋是广西桂林人，回族，出生于诗礼之家，肄业于桂林女子师范。马佩璋年轻时是桂林有名的美人，亭亭玉立，秀外慧中，品学才貌兼优。到马家门上说媒者络绎不绝。马佩璋的父亲马维琪对长女择婿标准极严，坚持同教门通婚的规矩，由此筛选掉不少优秀人士。当时李宗仁、白崇禧、黄绍竑为首的新桂系占领桂林，势力仍在壮大。马维琪看中了同属回教的新桂系将领白崇禧。双方家庭一拍即合，均满意这门亲事。

1925年2月14日，32岁的白崇禧与22岁的马佩璋举行了婚礼。他们按照回族礼仪，请来阿訇"念配"。阿訇向二人抛撒染红的花生，表示间隔搭配生育男女的"花花生"，祝福两人多生子女。两人后来的生养,没有辜负阿訇的祝福。

婚礼时,白母因年事已高没有出席。婚礼后,白崇禧即携新妇回乡探亲。白老夫人看到新媳妇又是端庄淑雅,又是行礼问候,通过两三天的相处,感到儿媳虽是富家小姐,但对老人很体贴,对姑嫂也很有礼貌,相处和睦,一点没有架子,高兴得几宿未合眼,不断夸赞儿媳贤惠能干,十分满意。

婚后第8天,黄绍竑打来急电,告知军情紧急,需要白崇禧救援。白崇禧立即与母亲告别,急忙奔回桂林。新婚夫人马佩璋没想到蜜月这样匆匆度过,但并不后悔,随丈夫一同前去桂林。

1923年,在桂林女子师范读书时的马佩璋

1923年,马佩璋与闺蜜合影

白崇禧率队离桂急赴救援,没想到桂林重落敌军之手。敌军下令全城戒严,搜查白崇禧夫人马佩璋,并且专门找到马家,掳走财物,将白崇禧岳父作为人质。好在马佩璋勇敢机智,早就利用敌军入城时的混乱,乔装躲至由英国女传教士所办的道生医院地窖里,受到院长保护。敌军对于外国人办的医院是不敢贸然进去搜查的。

白崇禧听闻桂林落入敌军之手,想到爱妻还在城内,非常焦急,带兵解柳州之危后,遂率军返回桂林,击溃敌军。白崇禧进桂林城时已是黄昏,他迫不及待地赶到道生医院。新婚夫妻劫后重逢,悲喜交

138

集。向医院院长道谢后,他携妻回到岳父家,庆贺这次历险后的团圆相聚。

经过这次新婚历险,马佩璋深感嫁给白崇禧绝不只是美人配英雄的童话,作为一个军官妻子,她必须有充分的思想准备。1927年,马佩璋听说丈夫在"龙潭战役"中阵亡,不顾激战流弹的危险,从上海开车赶到南京,看到白崇禧安然无恙,才放下心来。

经过两三年的战火磨炼,马佩璋就已经从一位千金小姐,转变成一位能经得住风浪的军人之妻了。她不喜抛头露面、不慕虚荣、相夫教子、勤俭持家,是一个典型的贤妻良母,被称为"贤慧夫人"。她与丈夫同甘共苦、荣辱与共。

战局稍稳后,社会上关于国民党高级将领的艳事舆论、花边新闻较多,而关于白崇禧的却很少。其实,白崇禧有过一段婚外情,只不过他做得较为隐秘,更与事发后其夫人马佩璋的及时妥善处理有关。马佩璋不但是丈夫战场作战的贤内助,也是化解丈夫情场过错的清道夫。

二、部下送上"未婚妻"

1929年,蒋桂战争爆发。白崇禧难顾家室,将妻子马佩璋及女儿白先智、白先慧送往香港居住,以避战火。11月,白崇禧回到国内,领军反蒋作战,没有了妻女的陪伴,戎马之余,加上通讯不便,白崇禧不免感到有些寂寞。

1930年10月,任反蒋第一方面军副总司令兼前敌总指挥的白崇禧率部南下进驻南宁,将盘踞在此的"滇军"赶出广西。白崇禧回到广西故乡,十分高兴,特将他的作战指挥所设在南宁市内环境优美的陆氏花园。战事暂停后,白崇禧的闲时多了,尽管园内鸟语花香,清风徐徐,每到晚上,因夫人不在身边,他总感觉寂寞难熬,夜不

1929年,马佩璋怀抱长女白先智

能眠。有几次，他甚至半夜三更将已熟睡的警卫人员喊起来下棋，以消磨时光。

有一个侍从副官许辉生，猜测白崇禧辗转难眠，是因其夫人不在身边而孤枕无伴的缘故。为了替长官分忧，他到南宁的风月场所给白找了几个年轻貌美的女子。不料，白崇禧对许辉生花了很大力气找来的烟花女人根本看不上眼，又将她们退回去了，对许并没有责怪之辞。

善解官意的许辉生跟随白崇禧多年，判断出治好上司"失眠症"的良药就是女人，但白崇禧对女人是有要求的，并非饥不择食。许辉生千方百计要让白崇禧满意，并希望借此得到照顾、提携，觉得这是一次讨好上司得到提拔的机会。

到哪去找如花似玉的良家女人呢？也真够许辉生琢磨的，他竟想到了自己的王姓未婚妻。这固然欠妥，但想到能升官发财，他就顾不了其他了。他找到未婚妻，告知只是让她帮上司料理家务，并未说出实情。未婚妻没有想太多，就答应下来。

来到陆氏花园，许辉生才直接告诉未婚妻自己的真正想法。王氏是个传统女人，听后大吃一惊，没想到未婚夫能想出这么缺德的主意，但经不住许的反复劝说，只好同意与他一同去见白崇禧。

正如许辉生所料，白崇禧一见王氏，甚是欢喜，对许辉生大大赞扬了一番，说许很体贴上司，也很会办事。白崇禧还嘱咐许辉生，为了保密，不要将他的真实身份告诉王氏。如果王氏要问他是谁，就说是王副官。许辉生心领神会，保证照办。

白崇禧考虑每天来向他报告事情的人很多，将王氏放在陆氏花园恐被人发现而造成不好影响，又要许辉生另外为他们找一个住的地方，而且要高度保密。许辉生根据白崇禧的旨意，在陆氏花园附近的依仁街为白崇禧找了一处豪华别墅。自此之后，白崇禧金屋藏娇，每晚美女相伴，睡得踏实多了。

为了感谢许辉生治好自己的"失眠症"，白崇禧提升许辉生为广西边城警备司令官。许辉生这种不择手段讨好上司，以达到升官目的的龌龊行为，是应该受到谴责的，但时至今日，此类行为仍在延续。究其根本原因，还在于上司吃这一套。白崇禧以此提拔下属，也是国民党腐败的一斑。

12. 被夫人妥善处理"情事"的白崇禧

王氏只知伴随的是一位长官,却一直不知白崇禧的真实身份,更不知他的家庭情况。一个偶然的机会,她知道自己日日相伴的"王副官",竟是大名鼎鼎的"白副总司令"时,大吃一惊,暗暗自叹:怪不得未婚夫舍得将自己"奉献",原来是为了讨好这位大贵人!

此时的王氏已经怀孕,不久为白崇禧生下一个男孩。此前,白崇禧只有两个女儿,王氏为他生了一个儿子,他非常高兴,马上给儿子起了一个"黑仔"的小名。母以子贵,王氏受到很好照顾。白崇禧特地吩咐知情者严加保密。

可是,没有不透风的墙,这件风流韵事很快被白夫人知道了。马佩璋心里痛苦万分,一连几天泪水洗面。虽然当时男人三妻四妾很正常,但马佩璋想到李宗仁的"二夫人"风头已盖过元配,新桂系里还流行什么"平妻制",再加上这个王姓女子还为丈夫生了个大胖小子……

马佩璋越想越乱,觉得必须妥善处理此事,让丈夫与王氏断绝关系,家丑不能外扬。她整理好物品,带着两个女儿,赶到了南宁。在路上,她仍在斟酌如何妥善处理此事。

三、夫人理智处理

白崇禧见到匆匆赶来马佩璋,从夫人脸色中已猜出几分,老半天不知说什么好,久别重逢的场面显得有些尴尬。马佩璋心里虽然很生气,但在此时,她又不敢在这位高官丈夫面前做得太过火。

房间里只剩下他们两人,马佩璋极力控制自己的情绪,郑重地对白崇禧说:"这里发生的一切,我都知道了。你与那个女人做的不要脸的事,带着我也无脸见人。局面已成这样,我这命苦的人也只有认了。现在,你必须作出选择。如要她,我就马上离开;如要我,你必须与王氏断绝一切关系!"

马佩璋的这种态度,使白崇禧大感意外。妻子没有大吵大闹,他还能说什么呢?王氏虽为自己生了长子,并且对自己

1930年代的白崇禧

悉心照顾，但与夫人相比，还是欠缺很多的。一个是明媒正娶，一个是从开始就知道不会有长久的结局。白崇禧对此事的了断，早就有所准备，只是没想到夫人这么早就知道。

白崇禧对马佩璋说："这事就到此结束，你还是我的夫人。但王氏是无辜的，必须善待，孩子是我的，必须留下来！这事具体由你处理吧。"马佩璋看到丈夫的明确表态后，想到事已至此，应尽快解决，以免节外生枝。经过激烈的思想斗争，马佩璋与王氏在依仁街的秘密住所见了面。

马佩璋大度地对王氏说："这一段时间，多亏你对我丈夫的照顾，我很感激你。我回来后，就不需要你照顾了。你生了'黑仔'，外面人都不知道。这也好，你可干干净净地回到家里去。'黑仔'留给我们抚养，我会把他当亲生儿子对待的。我们考虑你这一两年为白家做出了很大的牺牲，准备在经济上给你补偿，以使你今后的生活不致发生困难。"马佩璋一口一个"我们"，王氏知道这些已是白、马两人商量好的决定。

王氏心里明白，她虽与白崇禧过了一段"夫妻"生活，毕竟不是名正言顺的夫人，从开始就预料到不会长久。现在，马佩璋提出要把孩子带走，心里虽然舍不得，但也没有更好的办法。自己没法带着这个孩子在社会上露面生活，倒不如交给他们夫妇抚养。这孩子毕竟是白崇禧的亲生骨肉，到白家后，即使得不到马佩璋的欢喜，白崇禧对他是绝不会亏待的。

王氏同意割断与白崇禧的关系，孩子也交给马佩璋带回去抚养。马佩璋给了给王氏一笔钱，然后将"黑仔"接到自己身边，取名"白先道"。这件在常人看看来难以处理的情事，从此平息。为了保全自己与白崇禧的"名誉"及保障"黑仔"健康成长，马佩璋与丈夫商定：在任何时候、任何场合，一直都要说"黑仔"为她所生，而且是长子！

白崇禧一生共生了10个子女，其中9个是马佩璋所生。白、马夫妇两人对白先道与其他9个孩子一视同仁，甚至因为他是长子，还有些偏爱。白崇禧抗战时任军训部部长期间，疏通关系将白先道送到四川的空军幼年学校，一心想把他培养为空军飞行员，后因先道视力较弱而没能如愿。

白氏夫妇对白先道的身世守口如瓶，对外都说马佩璋共生了10

个子女。尽管他们千方百计地掩盖白当年在南宁的这段"婚外情",但桂系军队内部的少数高级军政人员还是知道的,只是为了保全桂系的声誉和形象,不对外声张罢了。

四、相伴到老

经过这次风波之后,白、马夫妻两人情感笃深,家庭稳定。丈夫主外,驰骋沙场政坛,夫人主内,相夫教子,理财持家。白崇禧在外统领千军万马、叱咤风云,可回到家里却是任凭夫人发号施令了。

马佩璋是父亲的长女,白崇禧虽不是长子,但在白氏家族中其实扮演的是族长角色,可见马佩璋在白、马两大家族中的地位。如此庞大的家族,加上责无旁贷的十个儿女,耗费了马佩璋的大量精力,但她认为只要能让丈夫无后顾之忧,再苦再累都是值得的。

马佩璋作为高官太太,识大体,明大义,对于丈夫的公务,从不干涉吹风,这在当时也是难得的。有几次,广西各界要她出任国大代表、妇女代表等,她均婉言拒绝。她知道这些公职落到她身上,主要是因为丈夫的地位,并非是只凭借自己的资望。马佩璋是个有骨气的人,她不喜欢沾丈夫的光。

1939年,马佩璋与白崇禧在桂林家中

1944年3月,马佩璋与白崇禧在桂林

马佩璋还未出嫁时,胸前就挂着一大串钥匙,因为其母喜欢打麻将,坐上牌桌就不下来,马佩璋十几岁时就开始掌家,独当一面。白崇禧的收入虽然可观,但对于支撑庞大家族来说,就要善于理财了,这正是马佩璋的所长。马佩璋出任某银行董事,一大家子就过得宽裕些。

1946年7月,马佩璋与白崇禧在南京大方巷家中

白崇禧一向不奢侈,平日生活简朴,不喜欢排场。但在1944年3月,白母过90大寿,白崇禧却难得地在桂林举行了一个盛大寿诞华宴,以表孝心。何应钦受蒋介石委派以及驻华美军司令史迪威均赴桂祝寿,可见规格之高。这次寿宴的具体操办者正是马佩璋,她领着亲朋好友组成的娘子军,将这次寿宴办得有声有色,十分成功。

日军攻占桂林时,城内火海一片。白崇禧在前线指挥作战,马佩璋也是个指挥官,率领着白、马两家80多口,上至90多岁的老太太,下至抱在襁褓在的婴儿,都加入到浩浩荡荡的难民潮中,经过一个月,到达贵阳,再到重庆时,很多人身上都长满了虱子。

1946年7月9日,白崇禧一家在南京的全家福

12. 被夫人妥善处理"情事"的白崇禧

抗战胜利后,在南京的白公馆里,不但住着白崇禧一家10余口,还住着白崇禧哥哥、嫂子一家人和三姑妈等人。在白公馆,马佩璋不但要照管这样一个七亲八戚的大家庭,有时还要接待来访的政要。特别是在1948年的"行宪国大"期间,白崇禧公馆几乎成为桂系大本营。马佩璋与郭德洁用桂林米线招待国大代表夫人,为李宗仁当选副总统立下了汗马功劳。

1947年5月,马佩璋与白崇禧游杭州西湖

白崇禧与马佩璋共同生活30多年,伉俪情深、老而弥笃。特别是在晚年,白崇禧在台湾受到冷落,家庭生活的温馨,对处于逆境中的白崇禧是一种很大的慰藉。马佩璋也不喜欢官场虚情假意的应酬,甘于淡泊清静。但蒋氏夫妇每年都会宴请白氏夫妇一次,那是必须参加的。

1955年,白氏夫妇结婚30周年。马佩璋在晚宴上提到了"患难夫妻"这个词,不禁哽咽,流出眼泪。白崇禧动情地伸出手去,搂住马佩璋的肩膀,两人倚靠在一起,虽然没有言语对答,已足以让在场的亲友们动容。是啊,30年间,发生的事情太多,白崇禧在复杂的政治环境里,像是走钢丝,不能走错一步,马佩璋始终相伴相依,默默奉献,作为将军夫人,是完全合格的。

1948年,白崇禧在行宪国大会场

白氏夫妇家教极严,家中有什么喜庆活动,上学的孩子不得请假;有时孩子顽皮,不听教诲,常令白崇禧生气。在白氏夫妇的严格教育下,白氏子女均学有所成,五子白先

勇从小酷爱文学,现已成为知名的华人作家。

1949年冬,马佩璋与子女合影,后排右起:先忠、先诚、先明、先德、先勇。前排右起:先刚、马佩璋、先敬

马佩璋为了家庭辛勤操劳,多次颠沛离乱,中年之后日渐体弱,血压一直偏高,于1962年12月4日在台北逝世,终年59岁。白崇禧动情地写下《敬悼先室马佩璋夫人》,在夫人下葬的那一天,"白将军眼泪几乎没有断过"。按照回教规矩,亡者40天内家属须于每日清晨到墓前诵经祈祷。白崇禧以69岁高龄,每日必躬率儿孙辈准时前往夫人墓前念经,风雨无阻,从未间断,见者无不为之动容。

1950年代,白崇禧与马佩璋在台北家中

失妻之后的白崇禧一下子苍老了许多,精神大不如前,有时好像茫然有所失,一副在那里寻寻觅觅的模样。老年丧妻,对于身处逆境的白崇禧无疑在精神上是一大打击。1965年李宗仁回大陆后,对于在台湾的白崇禧来说,真可谓是致

12. 被夫人妥善处理"情事"的白崇禧

命的一击,孤独的生活更是雪上加霜。白崇禧知趣地超脱度日,自知在蒋介石眼中的价值已消失大半了。

1966年12月2日,白崇禧病故于台北。有传言说他与女护士有染,服用春药而亡。这虽有些臆想,但足以说明白崇禧的晚年失意和孤独。人在江湖,身不由己,有人说当年白崇禧不应该随蒋赴台,应另谋他路。但如果再设身处地权衡利弊,白崇禧即使不赴台,结局可能也好不到哪里去。

1950年代,白崇禧与马佩璋

马佩璋去世后,白崇禧孤身一人

13. 钱大钧明媒正娶姐妹花

钱大钧,字慕尹,1893年6月14日出生,江苏苏州人。日本士官学校毕业,后加入国民党。参加黄埔军校筹建并任教官,是蒋介石黄埔嫡系干将,后任国民政府军事委员会委员长侍从室第一处主任侍卫长、国民政府航空委员会主任,军统局局长,上海市长兼淞沪警备司令,"国民大会"主席团主席等职。后随蒋介石赴台湾,任国民党中央纪律委员会委员、中央评议委员、"总统府"战略顾问、"中华全国田径协会"名誉会长、中华航空公司董事长等职。钱大钧生性儒雅,颇有书画诗词修养,更兼仪表堂堂,一派儒将风度。钱大钧的婚姻更是传奇。

任警备司令时的钱大钧

一、先后迎娶姐妹花

钱大钧身材高大,相貌英武,早年积极参加反对清政府和封建军阀的革命活动,常年追随蒋介石,虽不多战,却具有谋略,重视仪表,爱与文人雅士来往,擅长书法,其钟鼎篆字苍劲有力,娟雅挺秀,为人彬彬儒雅,颇有古风,对佛学很有研究,通晓英文。如此儒将之风,自然容易受到欣赏和垂青。

钱大钧的岳父是民国名士欧阳耀如,江西吉安人,一直在上海从事银行业,是老同盟会会员,参加过辛亥革命,江西独立时,被推举为江西省议员,在孙中山组织南方政府时,又赴广东参加孙中山领导的国民革命工作。欧阳耀如不但提供钱大钧赴日求学费用，还将6位千金中漂亮的长女欧阳藻丽，许配给钱大钧。

1928年，钱大钧在上海任警备司令期间，夫人欧阳藻丽突患重病，经上海多家大医院中西医治疗，病情不仅没有好转，而且一天天危重，医院的病危通知书下了一次又一次。欧阳藻丽知道自己病入膏肓，来日不多，想到儿女年幼，自己死了，丈夫必定要再娶，幼小的儿女一定会受到后娘的排斥、虐待，她越想越放心不下，便把丈夫叫到病榻前，口述遗嘱，交代后事。

年轻时的钱大钧相貌堂堂

欧阳藻丽表示自己死后支持丈夫再娶，但不准娶别人，只能娶她的妹妹欧阳生丽。这样，继娘是姨妈，一定会善待自己的未成年子女。接着，她又向父母和妹妹欧阳生丽表达了自己的遗愿。父母见女儿病成这个样子，束手无策，也只好默许。

欧阳姐妹的合影

欧阳生丽这一年才17岁，面容姣好，身材修长，时尚靓丽。她性格活泼开朗，又受过良好的教育，颇具才华，是一位才貌双全的南国女子。钱大钧对这位美丽的小姨子也有好感，如今妻子立下这样的遗嘱，真是天赐尤物，正中他的下怀。而欧阳生丽呢，对姐夫也很崇拜，姐夫虽然比自己大18岁，但还尚在壮年，加之他文质彬彬，十分儒雅，对情窦初开的她颇具吸引力。尤其是姐夫那显赫的政治地位，高官厚禄，对她的诱惑极大，所以，她没有拒绝，爽快地答应了姐姐。

于是，为了关照身患重病的欧阳藻丽，姐夫小姨子两人常在一起，过从甚密。钱大钧的百般温存，以及成熟男人的魅力，很快使欧阳生丽堕入爱河不能自拔,神魂颠倒地爱上了这位姐夫,只等姐姐眼睛一闭,自己就是名正言顺的钱司令夫人。

1945年6月13日,蒋介石与白崇禧等人参观四川铜梁西泉中学,右二为钱大钧夫人,但不知是藻丽,还是生丽

谁知,病得奄奄一息已经准备后事的欧阳藻丽,几个月后居然奇迹般慢慢地好了起来,而且恢复得光彩照人,美貌依旧。但此时,欧阳生丽与钱大钧已情深似海,且早已有了夫妻之实了。欧阳藻丽此时想食言也来不及了,也认了与妹妹共夫的局面。父母却坚决反对,要将生丽遣往日本求学以避此事。钱大钧知道后几乎发疯,不顾上海警备司令的身份在路上乱跑乱撞,想要自杀,幸亏副官紧随才没出事。岳父母见此情景,想到生米已煮成熟饭,难以挽回,无可奈何地只好同意钱大钧与妻妹欧阳生丽正式订婚结婚。钱大钧就这样又讨了年轻漂亮的小姨子,两美俱占。这样,欧阳氏家中便出现了两女同婿的奇特状况,堪称民国奇闻。

名士欧阳耀如的长女欧阳丽藻与三女欧阳生丽共侍一夫,因为如此特殊关系,和睦相处倒也不难。家中来客,钱大钧及其两位夫人往往一起陪客就餐。大夫人欧阳丽藻生性比较沉默,话不多,给人一种沉稳厚道的感觉。二夫人欧阳生丽性格开朗,比较活跃,打扮得也年轻入时,平时陪钱大钧参与社交活动较多。姊妹俩亲情融融,无分大小,互相尊重体谅,和睦相处,没有什么龃龉之语,或闹什么争风吃醋。

二、"八大金刚"之一

钱大钧早年积极参加反清倒袁,后在军阀混战中为蒋介石效力,成为蒋介石的嫡系干将,位列"八大金刚"之一。蒋介石提倡"新生活运动","以身作则"一夫人,其他国民党大佬们也不敢乱来,只有些非嫡系军阀有多房姨太太,钱大钧当属特例。

钱大钧为国父孙中山纪念铜像奠基揭幕

1932年春,钱大钧调任国民党第十三军军长,负责指挥汤恩伯的八十九师和孙元良的八十八师,驻防武汉。其时,蒋介石"围剿"红军的计划、方略、命令均出自钱大钧之手,而且他所辖的八十八、八十九两师,也是"围剿"苏区的主力。接着,蒋介石又派钱大钧充任河北保定行营主任兼保定编练处处长,从十三军军长,一跃升为蒋介石的行营主任,指挥五个军的队伍,与北平行营主任何应钦并驾齐驱,可以说,这是钱大钧北伐以来最得意的时候。

1935年4月,钱大钧授陆军中将衔,后转任军事委员会委员长侍从室第一处主任兼侍卫长。侍从室是蒋介石处理党政军各项事务的近随办事机构,负责全国的政治、军事、党务等各项工作,地位凌驾于国民党政府各部门之上。侍从室工作直接对蒋介石负责,实为御用部门。钱大钧负责保卫领导中枢安全,可见是委以重任。

1936年12月初,蒋介石亲赴西安督战。专列停在临潼车站的第三天,张学良为把蒋介石一行留住,对钱大钧讲机车有毛病,需要维修。钱大钧不知是计,一口答应留住临潼。

12月12日"西安事变"发生,钱大钧随侍蒋介石于临潼华清池。枪声一响,钱大钧闻声急奔而出,一颗流弹射中他的背部,从前胸穿出,流血很多。他捂着伤口,忍着剧痛走到蒋介石住处墙边,急呼双方不要乱打枪。为保护蒋介石安全,钱大钧带伤指挥警卫部队拼死抵抗,后被东北军急送医院抢救,幸好子弹已穿出胸腔,仅伤及右肺肺尖,抢救及时才幸免于难。

任上海市长时的钱大钧

"西安事变"和平解决后,蒋介石除下令扣留张学良外,还怀疑钱大钧与张学良串通,将专列停在临潼。钱大钧大呼冤枉!极力申辩,一激动就扯开上衣让蒋介石看枪伤。民国时期因此产生这样一句歇后语"钱大钧扯上衣给蒋介石看枪伤——实出无奈"。

于是蒋介石知道钱大钧的孝忠,不但没有追究,让他在上海疗养伤愈后仍任侍从室主任和侍卫长,后改为军事委员会办公厅代理主任,并念及忠心护驾,在钱大钧犯错时,往往还会网开一面。

蒋介石在黄埔军校时喜欢吃"黄埔蛋",离开广东后还想吃。钱大钧竟亲自带人去找会做"黄埔蛋"的"严妈妈",并让蒋介石的厨师学做。"黄埔蛋"因而成为蒋介石官邸的常用菜肴。

钱大钧一贯沉默寡言,总显出一种很周到的谦恭风度。作为军人,他雅驯有余,刚毅不足,很少有人见他发怒骂人。钱在旧文学方面颇有基础,善写铁线文碑帖,字体清秀,又善驾驶汽车,步枪射击及器械体操等技艺也都很好,在"八大金刚"中他算得上是一个文武兼

13. 钱大钧明媒正娶姐妹花

备的角色。钱大钧拟制的作战计划,不仅为蒋介石所欣赏,也使号称"小诸葛"的白崇禧等人折服。

1945年11月,钱大钧在上海市政府的一次例行周会上

三、贪图享受

钱大钧虽有许多优点,但如许多政要大员一样,钱大钧也有贪财无度的缺点,他喜欢追求物质享受;相对其他政要城府较浅,加上性情偏激,在交际方面不够圆滑,多次被免职处分,仕途受到影响。坐拥两位美貌的姐妹花,自然也容易招来别人口舌。

1929年,蒋介石将桂系残留的武昌军官学校学生改编为武汉军官分校第七期,委任钱大钧为教育长,实行一整套所谓的新式教育。钱大钧,躯干修长,一贯沉默寡言,平素服装整洁,在他的部下和学生面前总是装出一副忠孝、仁爱、信义、和平的样子,对学生们的训话也总是强调厉行蒋介石所提倡的什么"新生活"运动,要求大家"注重礼义廉耻","注重军人风纪",发扬所谓的"黄埔革命精神"。但钱大钧的两个美貌妻子引来了大家的非议,同宿姐妹花还讲什么所谓的"新生活"呢?有胆大者还写了几句话公然贴出:"湖上有园,园中有风景。同昏官,景色宜人喜洋洋。一夫两妻同枕共床,姐妹成双效鸳鸯,高谈旧道德礼义廉耻,厉行新生活男盗女娼"。

此事令钱大钧很尴尬。武汉军官分校经理处第三科科长钱仰周因欲巴结钱大钧，便找教育处长赵锦雯要求追究此事，说："教育长的家事，也要别人来管吗？老百姓讨三妻四妾的多的是，教育长有两房家眷，这算什么稀奇？"赵锦雯旋即派人进行调查，但那个写诗的人杳如黄鹤，始终未查出，后来也就不了了之了。

1934年春，武汉大学游泳池在东湖之滨建成，但只开设男生游泳课，不许女生游泳。但是到了5月份，张学良、钱大钧等人先后带夫人到武汉大学游泳，为武汉大学开启了女性游泳先河，对"女人游泳有损国风"的说法发起挑战，成为当时热门话题。

享有娇妻，已经遭人眼红，再拥有豪宅，更令人嫉妒，容易遭到非议。钱大钧在北京、保定、上海、南京、苏州均建有豪华的私邸，尤以苏州之私邸为最。当时有人形容钱府院子之大时曾说，从钱府门口至客厅，即使是汽车，也要行驶15分钟。

"剿共"期间，钱大钧一味追求物质享乐，豪宅内一切设备应有尽有，还经常乘用特备专车，偕欧阳生丽来往于北京与保定之间游乐。钱贪爱钱财，常以馈送河北各将领为由，在行营开支特别庞大，每次总是数万元。据记载，钱仅在特别费一项内即贪污10余万元。

杂牌队伍总指挥孙殿英到保定述职时，钱也曾接受了孙馈送的名贵貂皮多张。由于钱贪财肥私，保定行营的一些人将"钱大钧"三字颠倒，将"钧"改为"钩"，讽之为"钩大钱"。

钱大钧爱财如命，又贪得无厌，其时有人向蒋告密，蒋介石听到之后大怒，对钱甚为不满，下令将其撤职查办，后经何应钦说情，才免于查办。其后不久，钱大钧的胞兄钱体声因贪污渎职案，被蒋介石执行枪决，时人皆认为蒋此举含有杀鸡吓猴的意思。钱大钧甚为伤痛，但对蒋仍无异心。

其实，在国民党军政大员中，用各种手段聚敛钱财的比比皆是，捞钱大大超过钱大钧的大有人在，至于拥有三妻四妾，甚至讨上几十房姨太太的也是比比皆是。应该说钱大钧这个人还是比较厚道的，只是不善于迎风使舵，观察气候，常常招致蒋介石的不满。

钱大钧不懂关系学，对于与蒋介石有矛盾的张学良、宋子文等人都毫无顾忌，十分亲密。任空军司令时，凡有事请示或报告只向时任航空委员会主任的宋子文联系，而没有请示蒋介石。蒋介石对此很不满意，想找机会教训他一下。

1946年，上海曾举办过一次特殊的选秀活动——上海小姐的选举。这场选秀的最初目的是为了募捐赈灾

四、仕途起伏

1936年1月，蒋介石对侍从室进行改组，钱大钧首任改组后的侍从室第一处主任，他曾随蒋介石指挥湘、黔、川、滇各省部队堵击红军和解决两广事变。西安事变后，钱大钧曾被人告状。蒋介石看到钱身上的那块因替自己挡子弹而留下的枪伤时，对他依然信任。但由于钱大钧过于追求物质享受，屡犯蒋介石忌讳，因此他在蒋手下地位时有起落。

担任侍从室主任期间，钱大钧依然没忘记"钩大钱"的机会，加上他得罪的人太多，蒋介石不得不将他调离了侍从室。这时，由于有宋美龄的支持，钱大钧捞到了航空委员会的一个肥缺，担任了秘书长、参谋长之职。1938年2月，他又接任航空委员会主任职务，专门指挥对日作战。

1939年初，钱大钧又因私分军火被人告发，遭撤职查办处分。客观上说，这次的账是不能全怪在"钱主任"身上的，当时的情况是这样的：1939年夏，蒋介石要调空军保卫重庆，可钱主任却报告说无机可派，蒋勃然大怒，查问政府划拨的几千万购机专款都哪里去了？钱默不作声。蒋因责他贪污,交付禁闭,并责令将对其从严惩处。钱本以为这次他肯定是难逃一劫了,谁知,过些日子后,竟无"下文"。后据知情人透露,航委会购机专款其实通通被宋美龄动用了。钱大钧虽居航委办公厅主任名义,而大权却握在秘书长宋美龄手里,因而他只能替蒋夫人背背黑锅了。

直到1940年冬,钱大钧才从狱中释放出来,赋闲无事,生活穷困,连上海的房子也托人卖掉了。1941年下半年,在何应钦的帮助下,钱大钧

中年钱大钧

才复任军政部次长兼滇缅公路局局长。蒋介石对部下是有谋略的,打一下,拉一下。

1945年8月,抗战胜利后,上海市长一职炙手可热,派系之间竞争极为激烈,各党政大员都想吃这块"肥肉",但最终蒋介石还是指派钱大钧担任了,这也许是因为钱过去曾任淞沪警备司令的缘故。此外,钱市长还兼任淞沪警备总司令,一身兼军政重任。其时的市政府各局局长都有奥援与社会地位,非市长所能指挥,而市府本身的实权操在秘书长沈士华之手,淞沪警备总司令部则完全由副总司令李及兰主持,钱大钧对此也完全不加过问,只管一个劲地"搂钱"。

蒋介石对此无可奈何地说:"钱大钧一贯贪污成性,不足道也!"遂睁一只眼闭一只眼,可他偏偏不争气,干了不到两年,再次因贪污被人告发。当时,国民党官员在接收中,大搞贪污活动,霸公产为己有,其中以上海市市长"钩大钱"为甚,据称他私卖敌伪物资竟达42亿元。蒋不得不将其撤职,由素有"廉洁"清誉的吴国桢来接任上海市长一职。

1949年,钱大钧携二夫人欧阳生丽带着几根金条,随蒋介石逃往台湾。他的晚年很不得志,任国民党中央纪律委员会委员、中央评议委员、"总统府"战略顾问等,基本上都是虚职,不受台湾"政权"所重用。最得意的一次是率队到南洋参加体育比赛。

13. 钱大钧明媒正娶姐妹花

钱大钧年轻时,酷爱体育活动和书画艺术,他没有不良嗜好,很注意仪表,每天早上必做两件事:一是做体操,从不间断;二是练写字,坚持不懈。他的钟鼎篆文,苍劲有力,娟雅挺秀,颇为有名。

钱大钧深感晚景凄凉,思乡情绪日增,对生活在大陆的两个儿子和其他亲属深为思念。钱大钧赴台后30多年一直住在台北市的公房小木屋里,生活比较艰苦,好在生活规律,还有欧阳生丽的精心照顾,陪伴他走过落寞时光。欧阳生丽多年来无微不至地侍奉着钱大钧,一往情深始终不渝,直至丈夫于1982年因肝癌,以90岁的高龄在台北病逝。

钱大钧与两位夫人墓碑

欧阳藻丽就在钱大钧去世的前一年在美国也去世的。年近80岁的欧阳生丽开始寡居台湾,在1989年去世。三个人葬在一起,钱大钧死后都要有两位夫人侍候着,这在国民党高官中也是少见的。

14. 晚婚的宋子文

宋子文,1894年出生,即是宋蔼龄、宋庆龄的弟弟,宋美龄的哥哥。作为民国时期的政治家、外交家、金融家,宋子文给人留下了年轻有为的成功人士形象,历任财政部长、行政院长、中国银行董事长、外交部长等职,政绩卓著,1945年7月,宋子文代表中国出席旧金山联合国制宪会议,是四位主席之一,崭露锋芒。殊不知宋子文年轻时在感情上却有过困惑,一度失落。经历就是财富,情感波折磨砺了宋子文,35岁时的晚婚,使宋子文在感情和政治上更加成熟。

在哈佛大学读书时的宋子文

年轻时的宋子文

一、苦涩的初恋

宋子文的初恋情人是近代上海滩最大的资本家盛宣怀的七小姐盛爱颐。盛爱颐生于1900年,能诗会绣,写得一手好字,系出名门,以"盛七"闻名于上海滩。许多名门公子为了一睹七小姐芳容而踏

14. 晚婚的宋子文

破盛家门槛。但盛家"门槛"之高,又使许多人望而却步,一般人家要想见上貌美心高的盛七小姐一面都是很难的。盛爱颐与当时名不见经传的宋子文的一段纯美情缘,也因"两家地位悬殊"而结束。

盛爱颐是盛宣怀的
第七个女儿

1916年,20岁的宋子文从美国学成回国,经大姐宋蔼龄介绍,担任了汉冶萍公司总经理、盛爱颐四哥盛恩颐的英文秘书,常常出入盛府,认识了16岁的盛爱颐。宋子文为了追求盛爱颐,主动担任了其英文教师,经常向她讲述大洋彼岸的奇异风光和风土人情。宋子文一表人才,谈吐儒雅得体,办事雷厉风行,很快赢得了盛家人的信任,也赢得了盛爱颐的好感。宋、盛的恋情很快公开,大家都觉得是郎才女貌的一对。

当时盛宣怀已经去世,盛爱颐的母亲庄夫人起初觉得宋子文相貌不错,又是留洋回来,两个年轻人很投缘,也就有些默许,想进一步了解一下宋子文的家庭情况,就请家中大管家去打听。大管家回来禀报说:"宋家是广东人,他父亲是教堂里拉琴的,七小姐怎么可以嫁给这样的人家?"庄夫人有数了,门不当户不对,开始阻挠女儿与宋子文交往。

宋子文被调到外地,不久找机会返回上海。宋子文脾气犟,越是庄夫人阻挠他就越来劲。有时在大街上,他看见前面是七小姐的车子,就一踩油门加足马力追上去,把车子往七小姐的车前一横,硬是要与七小姐说上几句话。

1923年2月,孙中山从上海前往广州重建革命政权,发出电报催促宋子文南下广州,参与革命工作。宋子文欣喜万分,但他放不下七小姐,就劝其跟他同赴广州。但七小姐拿不出勇气,临别时,她送给他一把金叶,并表示会等他回来。两人的关系随着分别不了了之。因为要"门当户对",不知拆散过多少姻缘。阴错阳差,盛家当时已经开始"衰落",却放不下"瘦死骆驼比马大"的面子,没有看出宋家的

"蒸蒸日上",错过了宋子文这只"潜力股"。对于盛爱颐来说,没能嫁给宋子文可能是一种遗憾,但对于宋子文来说,并非是坏事。

初恋失败的宋子文在广州顺利步入政坛,他协助孙中山筹办中央银行,并出任行长,后来又担任了国民政府财政部部长兼广东省财政厅厅长等职,平步青云,成为国民政府中的实力派人物。

二、恋爱再受挫折

有一天,宋子文在张静江家中,看到了皮肤白皙、身材苗条的张家三小姐张芸英,没想到其貌不扬的张静江会有这么漂亮的女儿。宋子文再次动情,面对张芸英的礼节性问候,竟激动得一时说不出话来。风华正茂的宋子文对张芸英一见钟情,很快展开了热烈的追求。

张静江的三女儿张芸英与丈夫陈寿荫及儿子合影

张芸英却情有所属,早在三年前与留美才子陈寿荫相识相恋,但遭到父亲反对。张静江对出众的张芸英格外喜欢,也许是门户观念在作怪,也许是认为文艺圈的人士不甚可靠。宋子文出掌民国财政,加上国舅身份,自觉得胜算在握,于是就展开了攻势。

有一次在海边游泳的时候,宋子文当着其他朋友的面,向张芸英赠送一枚戒指,没想到的是张芸英拿过来直接就扔到了海里。宋子文在众人面前一时下不了台,丢了面子,但并不气馁。

宋子文追求张芸英的事很快传到了上海。陈寿荫坐不住了,立刻发来一封电报催促张小姐返沪,并言否则就要自杀……当张芸英乘船要回上海时,宋子文竟又赶来,下令不许开船……年轻的宋子文不懂得,越是这样张越发讨厌他。宋子文的追求反而促成了陈张两人的婚事。

张芸英是貌似柔弱,实乃刚强的新派女子,遗传着父亲叛逆的基

14. 晚婚的宋子文

因,为了追求真正的爱情和幸福,是不管什么国舅的。张芸英在父亲的帮助下摆脱了宋子文,回到上海与陈寿荫结婚了。张静江虽不喜欢这个中国的第一代导演,但女儿坚持,就毫无办法,"乖乖地"掏出了一万元大洋,算是给女儿作嫁妆。宋子文白折腾了一阵子,感情再次受到打击。

其实,宋子文还有过一位恋人,就是大名鼎鼎的唐瑛。唐瑛生于1910年,其父唐乃安曾留学德国,是上海名医,专给当时的名门望族看病。唐家家境富足。唐瑛多才多艺,嗓音甜美,身材苗条,与她自小严格的家教分不开,除学习过舞蹈、英文、戏曲之外,穿衣考究而前卫,懂得西方社交礼仪。唐瑛正式进入交际圈是在16岁。唐瑛是与陆小曼齐名的交际花,并称"南唐北陆"。当时的女性杂志《玲珑》,就鼓励新女性们向唐瑛看齐,把她作为榜样,要交际,会打扮。英国王室访问中国,唐瑛表演了钢琴和昆曲,很是耀眼。当时的各

唐瑛曾是旧上海
最著名的交际花

大报纸上刊登了她的大幅玉照,这是她交际生涯最显赫的时期。拜倒在唐瑛石榴裙下身份显赫的男人不计其数,其中包括孙中山的秘书杨杏佛。

宋子文与唐瑛的哥哥唐腴胪交情很深,他们曾在美国一起留学,唐腴胪还做了宋子文的秘书,所以宋是唐家的常客。宋子文在与盛爱颐分手后,追求过唐瑛。当时的宋子文事业开始起色,虽比唐瑛大16岁,但风度翩翩,集学识、权力、金钱于一身,对女孩子具有强大的"杀伤力",唐瑛自然也被宋子文打动。而聪慧过人、活泼烂漫的唐瑛,也有足够的磁场,吸引住宋子文的心。

那时候宋子文猛追唐瑛,一封封炽热的情书被呈递到唐瑛的梳妆台上。但是他们俩的交往,却遭到唐瑛的父亲唐乃安的反对,儿子

与宋子文越走越近甚至从了政,唐乃安已经非常不悦。因为唐乃安是个知识分子,他一直认为,和政界的人少挂钩为妙,否则迟早会惹来麻烦。哥哥唐腴胪也不赞成妹妹与宋子文交往。唐瑛听从父兄之劝,渐渐疏远了宋子文。后来,唐瑛父兄所担心的事果然发生,宋子文的确给唐家带来了灾祸。

1931年7月23日,唐腴胪陪宋子文到上海火车站乘火车,两人朝车厢走去的时候,突然有人放烟幕弹,随即一片烟雾升腾,让人看不见几米之内的事物。就在大家惊慌失措的时候,烟幕中传来一阵枪响,唐腴胪应声倒地。这是一起政治刺杀案件,刺客原本的目标是宋子文,但是在烟雾中误将唐腴胪杀死。这件意外使得唐家悲痛万分,更不愿意和宋家再有来往。宋子文在侥幸捡回一条命后,对唐家自然也内疚万分。据说那装满宋子文情书的抽屉,一直锁着,只有唐瑛自己能打开。

三、终于找到如意伴侣

1927年,新任南京政府"财政部长"的宋子文上庐山避暑。一上庐山他便体会到庐山真是一个清凉世界,与武汉、南京的暑热截然不同。置身如此风水宝地,他油然而生地想给母亲倪佳珍在庐山建造一幢别墅,当地官员就向宋推荐了张谋之。宋子文在这里见到了张乐怡,开始了一段美好姻缘。

1907年出生于庐山的张乐怡,是当地建筑老板张谋之的女儿。张乐怡自幼聪明伶俐,是当年上海中西女中的校花,南京金陵大学毕业后回到庐山,参与张家企业管理。十八九岁时的张乐怡,高高的个子,加上一头乌黑光泽的秀发和美丽动人的不俗长相,处处散发着青春的活力。她会一口流利的英语,是张家对外社交活动的得力翻译。由于平日参与一些社交活动,增长了不少见识,家人都称赞她知书达理,是一位聪明能干、有教养的千金小姐。

被宋子文称为"小丁丁"的张乐怡

14. 晚婚的宋子文

一天，张谋之设家宴招待宋子文。当张乐怡向宋子文敬茶时，他笑眯眯地说："不要叫我宋部长，就叫我……"一时想不起要她叫什么好。

"那我叫你，安哥（uncle）好不好？"张乐怡雀跃地跳着，天真地问道。深懂英语的宋子文，知道"安哥"就是叔叔的意思，在年龄上相形见绌，掩住失落感，仍高兴地说："张小姐，那我叫你什么名字？""就叫我张乐怡好了。"张乐怡喜悦地说。

面对这样一位明眸皓齿、如花似玉又落落大方的漂亮女孩，饱尝失恋之苦的宋子文忽然爱火复燃，相识恨晚。宋子文找了一个借口，以恳求的语气，向张老板提出："今天下午，我想到有名的景点去看看，想请乐怡小姐带带路，不知可否？"同时他又顺便巧妙地向张老板表白虽然曾与盛七小姐有过一段恋情，但失恋后一直未娶，还是单身一人。这一番表白，有力地消除了张老板和他的女儿张乐怡的疑虑。这天下午，张乐怡陪伴宋子文游览了大林寺、花径、仙人洞、大天池等风景点。他们玩得非常高兴，上演了一出民国版的"庐山恋"。

经过失恋痛苦的宋子文懂得这次该如何倾心于张小姐。张家虽不如盛家富有，但张老板尊重自己的人格，张乐怡真实倾心地爱着自己，他心满意足了。经过一段时间的接触，宋子文真诚地向张乐怡求婚。张乐怡望着这个比自己年龄大14岁，但有才华，有魅力的男人，深情地说道："安哥，我答应你！"

"乐怡，别再叫我'安哥'！就叫我子文嘛！"宋子文用征求的语气说。张乐怡听了，激动得淘气起来："那就叫子文，子文，我的好子文！"当天下午，张乐怡回到家后，立即告诉父母，宋子文已正式向她求婚，并许下山盟海誓、真情的承诺。张老板和张乐怡的妈妈听了非常高兴，说这是天赐良缘，同意缔结这门亲事。

1928年秋天，宋子文和张乐怡喜结良缘。从此，宋子文成为庐

宋子文与张乐怡结婚照

山建筑业老板的乘龙快婿。张乐怡与宋子文结婚后成为宋家掌门人,为宋家奉献终身。婚后,宋子文每年都偕同张乐怡回到庐山张谋之家探亲,拜会岳父岳母。

当时几位名媛的合影,左为严幼韵,中间是张乐怡,右为赵一荻

四、美满生活

张乐怡嫁给宋子文后,相夫教子十分贤惠。宋子文出任外交部长后,有些场合是需要夫人出席的,张乐怡总是表现得体,彬彬有礼,许多外国朋友都感叹"宋夫人"的风采。

宋子文与张乐怡婚后照

1930年,宋子文与妻张乐怡在上海码头

14. 晚婚的宋子文

1930年,已经娶了大家闺秀张乐怡的宋子文再次返沪。尚未婚嫁的盛爱颐为此伤心透顶,大病一场。直到32岁才嫁给了庄夫人的内侄庄铸九。她从自己所得的遗产中拨出60万两白银,建成了上海被外界赞为"远东第一乐府"的百乐门舞厅。但盛、庄夫妇不善经营,只好出售转让。

宋子文对盛家兄嫂透露过想与七小姐见面的愿望,盛家兄弟就热心地安排了一次活动,因为担心盛爱颐知道了不肯来,事先并未告知实情。

1942年6月2日,宋子文在美国签署租界法案后,手持法案留影

盛爱颐应邀前来喝茶聚会,想不到宋子文也在场。看到七小姐走进来,宋子文主动上前搭话。可盛爱颐一脸冰霜,丝毫不肯给宋子文面子。她不要听宋的任何解释。兄弟姐妹们都劝她留下来共进晚餐,但盛爱颐站起来冷冷地说:"不行!我丈夫还在等我呢!"说完拂袖而去。事后每当有人问起这件事,盛爱颐总是说:"他正高官厚禄,春风得意,我何必去巴结他呢?但话也得说回来,他那把金叶子还没还我呢!"

天有不测之风云,盛家在后来的日子中屡遭麻烦,在紧要关头,有时还不得不求助于这个宋大部长。一次,盛老四的儿子盛毓度被关进了监狱。盛家兄妹自然是急得团团转,能动的脑筋都动了,能托的人也都托遍了,可是就是不见放人。

1945年,宋子文携夫人张乐怡接见美国官员

最后，大家只好央告盛爱颐给宋子文打个电话。盛爱颐经不住家人哀求，就给宋大院长打了个电话。宋子文一口答应下来，满屋子家人一阵狂喜，盛爱颐却觉得一阵心酸，她明白，宋子文心里还是有她的。第二天中午，盛毓度果真被放出来了。

1942年，宋氏兄弟及其夫人在美国华盛顿共度圣诞节时留影。左起：宋子安与夫人吴其英、宋子良夫人席曼英、宋子文与夫人张乐怡、宋子良

宋子文利用政治特权发展官僚资本，先是控制中央银行、中国银行等金融机构，通过发行货币、公债以及通货膨胀等手段掠夺财富，后以开设棉业公司、垄断对外贸易等手段聚集钱财，经过抗日战争时期发国难财和战后接收敌伪产业等办法积聚起巨额财富，同蒋介石、孔祥熙和陈立夫、陈果夫合称为"四大家族"，成为中国官僚资产阶级的典型代表。其实，陈氏家族在后期已经没落，真正能享受到"富豪"感觉的也就是孔祥熙和宋子文。

1945年，宋子文在联合国会议上发言

14. 晚婚的宋子文

宋子文与张乐怡的婚姻堪称圆满。宋子文虽为蒋介石的大舅子,却始终不能与蒋介石完全走到一起,听从摆布,而受到压制。1949年,宋子文与貌合神离的蒋介石彻底决裂,到美国做了寓公。即使赴台,也只为"观光",不接受任何职务。

1971年的一天,宋子文夫妇在旧金山参加一个朋友家的聚餐时,宋子文因食物进入气管,导致心力衰竭,于4月25日猝然去世,时年77岁。时任美国总统的尼克松邀请宋氏三姐妹赴纽约参加宋子文葬礼。宋庆龄因未能包租到专机而无法前往,宋美龄因担心"统战圈套"而打道回台,宋蔼龄因为家族矛盾拒绝参加。

1988年,张乐怡在纽约病逝,终年79岁。宋子文没有儿子,生有三个女儿,长女琼颐,嫁与冯颜达,次女曼颐,嫁与余经鹏,小女瑞颐,嫁与杨成竹。有的从政,有的从商,都定居美国。张乐怡生前曾多次表示,心系大陆,心系庐山,作为炎黄子孙,希望有生之年能回祖国看看。

1950年代初,宋子文夫妇与女儿、大女婿合照。
后排左起:小女儿瑞颐、大女婿冯彦达、
大女儿琼颐、二女儿曼颐

15. 一再推迟婚期的胡宗南

胡宗南,1896年出生,原名琴斋,字寿山,浙江镇海(今宁波)人,国民党军高级将领。黄埔军官学校第一期毕业。1932年参与组织力行社和复兴社,居蒋介石"十三太保"之首。曾任国民党第三十四集团军总司令、第一战区司令长官等,是与共产党部队交战最多的国民党将领。1949年,兼任川陕甘边区绥靖公署主任、西南军政长官公署副长官兼参谋长,后率余部逃往西昌。1950年3月由西昌逃往台湾,任江浙"反共救国军"总指挥等职。是蒋介石的

年轻时期的胡宗南

器重将领之一,他曾经为了抗战而一再推迟婚期。

一、家有糟糠

胡宗南的父亲胡际清初做药材生意,后以丈量田亩、办理田产买卖和登记粮册的庄书为业。后生母亡故,父亲在鹤鹿溪续弦,胡宗南的两弟两妹,皆为嗣母所生。胡宗南8岁入当地私塾,17岁时,考入吴兴中学,各科成绩优良,尤以体育、地理两科更为突出。

1915年,中学毕业之后,胡宗南先后受聘于孝丰县立小学和私立王氏小学,任国文、历史和地理教员。在父母的安排下,胡宗南与一韩姓漂亮女子结婚,令村里的许多人羡慕。甜蜜的蜜月之后,胡宗

15. 一再推迟婚期的胡宗南

南到驻校教课,对娇妻在家不放心,临行前千叮咛,万嘱咐,别一个人出门,特别是别去看戏,省得招到别人调戏。

有一次,胡宗南晚上突然回家,发现老婆不在家,一问是和邻居出门看戏了,心中十分恼火。妻子看完戏回来,看到丈夫回来十分吃惊,为了弥补"过错",热情地问寒问暖。胡宗南更起疑心,以为妻子红杏出墙,强掩怒火。在与妻一番"激情"之后,第二天没打招呼就离家回学校了,以后就很少回家,即使回家看到妻子也是冷脸相对。

韩小姐受不了这种冷暴力,花容憔悴,香消玉殒,临死都不知道自己是在哪件事上得罪了丈夫。胡宗南一点没有丧妻之痛,草草料理了妻子后事。1922年到1924年间,胡宗南担任《孝丰日报》总编辑,后因与同校教员争夺校长职位失败,父亲又硬逼他与不相爱的女子成婚,遂决然离家出走。1924年,得到资助,南赴广州,考入黄埔军校第一期。

胡宗南任第一师第二旅少将旅长时赠友人的照片

从黄埔军校毕业后,胡宗南就开始了几十载的军人生涯。在讨伐陈炯明的第一次东征时,他是机枪连中尉排长,在棉湖之战中他携两挺机枪奋勇占领陈炯明后方高地,封锁了陈炯明主力部队的退路。棉湖之战是他军事生涯的一个重要起点。战后,他因战功被提升为机枪连上尉副连长,开始受到蒋介石的注意。

第二次东征时,胡宗南率一个连冲上河婆最高山峰横岭的敌阵,缴获大量武器,被蒋介石装备

蒋介石与胡宗南合影

编成3个师。这三个师成为北伐的基本部队,胡宗南因此崭露头角,很早就得到蒋先生的赏识和倚重。

北伐时期,胡宗南率团担任攻坚先锋,打长沙、南昌、杭州、上海,所向披靡,因此也成为黄埔军校学生中擢升最快的一个。1927年北伐攻占上海不久,他就升任第一军第一师少将副师长,成为国民党黄埔系学生的第一个将军。

此后胡宗南平步青云,一帆风顺,到1936年4月,又被任命为第一军中将军长,成为黄埔学生在国民党军中的第一个军长,后来又毫无意外地成了"剿匪"的主力军。他的对手,很多是黄埔军校的同学,这也是十几年恩怨的开始。

北伐时期的胡宗南

胡宗南是蒋介石的得力干将,拥有诸多"第一"头衔:黄埔一期、第一师刘峙部下当见习官,中原大战后任第一师师长,抗战时任第一战区司令长官。胡宗南此时没有再娶,有时虽也拈花惹草,仍是"黄金男"。

谭延闿去世后,将女儿谭祥的婚姻大事拜托给蒋介石夫妇。蒋介石在得力下属胡宗南、陈诚两人间比较了下,觉得尚需离婚的陈诚比单身的胡宗南合适。胡宗南继续做着"黄金男",还真被个大佬看中,一心想招为女婿。

二、智拒孔二小姐

孔祥熙夫妇早就希望在有权有势将领中物色女婿,曾看中胡宗南,想介绍给长女孔令仪。但孔令仪执意嫁给了乐队指挥的儿子,孔祥熙未能如愿。1942年,孔祥熙经陈立夫鼓动,又想将次女孔令俊介绍给胡宗南。

孔令俊人称"孔二小姐",她从小活泼好动,撒野成性,喜欢男装打扮,人称"混世魔女"。虽说孔令俊成天疯疯癫癫、女扮男装,但她毕竟不是男的,是女的就要出嫁。搞同性恋只能是暂时的刺激,找个可靠的男人才是正当的归宿。胡宗南时任第八战区副司令长官,统辖多个集团军,有"西北王"之称。

15. 一再推迟婚期的胡宗南

再说孔令俊虽然热衷于同性恋,但并非不想尝尝异性的滋味,只是天下男人没一个她看得上的。听说父亲看中胡宗南后,她也颇动了动心。虽说胡宗南大她十几岁,但毕竟刚刚40出头,年轻有为,在同龄的国民党军官中,最受蒋介石的赏识,所以她就答应了这件事。

胡宗南经陈立夫的撮合介绍后,心里也有几分欢喜。孔祥熙是中国最大的财神爷,不仅和蒋介石连襟,在国民党政府中也举足轻重,尤其那位孔夫人宋蔼龄神通广大,做了他们家的女婿,等于给自己的前途加了双保险。

孔令俊穿长衫戴礼帽,与两位姨母和父亲孔祥熙在一起

戴笠素来与孔家关系不佳,生怕胡、孔经陈立夫介绍结婚,会增强中统力量,对己不利,就派人告诉胡宗南许多"孔二小姐"的绯闻。胡宗南半信半疑,觉得要慎重从事。贸然拒绝,必定得罪孔府;轻易答应,则可能引个母老虎回家,自找苦吃。考虑再三后,电告陈立夫,近日军务繁忙,不便离开,烦请孔二小姐大驾亲自到西安来一趟。

孔令俊却没那么多心眼,想只当到西安玩一趟。胡宗南将孔令俊安排到华清池小住,但没有去迎接。胡宗南想先来个"微服私访",看看孔令俊的真面目,然后再决定取舍。

胡宗南扮成记者采访孔令俊,被训斥了一番,憋了一肚子气。孔令俊给胡宗南的印象太坏了,举止粗俗,毫无教养,不男不女,目无一切,还摆着个臭架子。胡宗南心想多亏长了个心眼,没直接见面,这样

时称"西北王"的胡宗南

的婆娘娶进来,还不得像姑奶奶供着。要是见了面再说不同意,就不好下台阶了。

胡宗南给陈立夫打了个电话,说军情紧急,个人的事只好暂时放一放。孔令俊虽说不通人情世故,但也不是傻子。大老远地从重庆跑到西安,就是为了和胡宗南见上一面。现在胡宗南突然说有紧急军务,纯粹是胡说八道,想唬小孩啊。孔令俊直接把电话打到胡宗南的司令部,对胡的参谋说,她这次来是见胡宗南的,如果胡宗南故意躲着不见,必须讲明原因,否则她就待在这儿不走。胡宗南被逼无奈,心中又生一计,便叫部属给孔令俊打电话,说两天后亲自到华清池向孔令俊道歉。

两天后,胡宗南带着两个贴身卫士来到华清池。这次他一身戎装,腰扎武装带,手戴白手套,肩挎左轮手枪。孔令俊也学乖了,身着套裙,脚穿高跟鞋,头上和脖子上撒满了香水。胡宗南故意装出粗鲁木讷的样子,和孔令俊故作多情形成鲜明的反差。胡宗南提议到外面边走边聊,孔令俊便随胡宗南沿着山路攀援。孔令俊平时以车当步,也很少穿高跟鞋,走了不一会儿脚便磨出了血泡,疼痛难忍。她提出能否休息一下,胡宗南说当然可以。可在那山上,既无椅子可坐,又无水可饮,孔令俊只能坐在一块冰凉的石头上。胡宗南在一旁说,当兵就得吃苦,打起仗来几天几夜吃不上饭,睡不着觉是常有的事……丝毫没有怜香惜玉的表示。

孔令俊对胡宗南没留下什么好印象,既没风度又没情趣,说话办事像个木头桩子,一点不知道拐弯。特别是明知道孔令俊走不惯山路,一个劲地往上爬,还说些什么当兵吃苦的鬼话。她觉得要嫁给这么一个只知道打仗吃苦的土老帽,还不如像姐姐一样,找个温顺体贴的小白脸。于是,由陈立夫牵线、孔家和胡宗南都做了精心准备的"联姻"就此结束。从此孔令俊再没有和任何男人正式谈过恋爱,更不要说结婚了。

三、双喜临门

戴笠看到胡孔联姻流产,很是高兴。为了拉拢胡宗南,戴笠就将自己的秘书叶霞翟介绍给胡宗南,此时是该打出这张牌了。

叶霞翟1913年出生,笔名叶苹,浙江松阳西屏镇人。1929年,省立处州初级中学师范讲习科毕业后,在松阳县立成淑女子小学任教。1931年,考入浙江大学农学院,后转浙江省警官学校,因长得漂亮,是公认的"校花",又写得一手好字。戴笠对青春靓丽的叶霞翟印象很深,后用作机要秘书,随侍左右。

胡宗南与戴笠颇有私交,常有来往,与叶霞翟因而相识,为其美貌所动心。叶霞翟早在杭州读书时,在朋友处看到过胡宗南的戎装照片,被这位30岁就当上师长的黄埔一期的高材生的飒爽英姿所吸引住了,现见其人,十分高兴。精明的戴笠看出了两人的心思。有一次,戴笠推托公务繁忙,让叶单独陪侍胡宗南。不久,胡宗南落入情网不能自拔。叶霞翟渐渐将感情转移到胡宗南身上,两人开始谈婚论嫁。胡宗南送给叶霞翟一只手表作为订婚之物。

胡宗南多次对人说,不打走日本人,决不结婚,婚事就放下来了。1939年,叶霞翟上海光华大学毕业,戴笠将她保送到美国留学,并对胡宗南说是为他培养合格的妻子。叶到美国留学后,与胡宗南保持书信联系,互诉爱恋,情意绵绵。

1949年,胡宗南与夫人叶霞翟在重庆

胡宗南一直不肯结婚,引来一些议论。有人称他是男子汉大丈夫,先国后家,可敬可佩。有人说他是装模作样,哗众取宠。还有人认为胡宗南生理有毛病,也有传言说当初胡宗南在成都华西医科大学治疗牙病时,与一女医生有染。胡、叶的婚事也曾出现危机。

1944年,结束了在美国乔治·华盛顿大学政治系、威斯康星大学研究院的学习,获得博士学位的叶霞翟回到国内,先后任成都光华大学、金陵大学教授,结束了与胡宗南的久别。当时由于抗日战争正处于非常关键阶段,胡宗南一直没有机会考虑婚娶大事。这一拖,就又是几年,而作为他们大媒人的戴笠却于1946年3月坠机身亡。

关于叶霞翟是戴笠的"情妇"之说,其实未必。叶霞翟虽是特工出身,但基本上没有做过情报工作。戴笠虽然好色成性,但未必与每一个女人都有染。这正如不一定每一个"总经理秘书"都是总经理情妇一样。胡、叶两人的婚姻是有感情基础的,只不过媒人是个大色狼。戴笠此外还为中国银行副总经理贝祖诒的长女做过媒。

1947年3月19日,好大喜功的胡宗南攻占延安。蒋介石得到报告后,将他由中将晋升为二级上将。5月25日,胡宗南喜不自胜,感到功成名就,奉召到了南京,见蒋介石之后就提出要结婚的请求。蒋立即允准,并送了一份厚礼。他给叶霞翟打了个电话,要求立即结婚。官场情场"双喜临门"。

叶霞翟和子女

就这样,胡宗南随即带叶霞翟飞返西安,择日在西安南郊的兴隆岭别墅举行了婚礼。胡宗南高兴得亲自动手,粉刷墙壁,别人要帮忙,他拒绝道:"这是我自己的事!"52岁的胡宗南终于当上了新郎,新娘叶霞翟虽然已经30多岁了,但依然是风姿绰约,光彩照人。

兴隆岭别墅原是张学良的住宅,室内陈设豪华舒适。因为正是战时,胡宗南怕张扬,婚礼比较简单,只有几个老友参加。虽然是大喜的日子,但胡宗南却高兴不起来。找不到毛泽东他无法向老蒋交差。酒宴上,主婚人、证婚人一再向他祝酒,他却没有什么兴趣,端起酒杯礼节性地在唇边碰一碰。婚后第三天,胡宗南即告别新娘,飞往延安。叶霞翟也回到了南京。

四、晚年失意

胡宗南很快就发现,占领延安是中了中共下的套,"势成骑虎,进又不能进,退又不能退"。在随后的宜川、瓦子街战役中,胡宗南最精锐的1个整编军,2个整编师,5个整编旅共2.5万人,全被解放军吃掉,西安与关中北部屏障黄龙山区为解放军所控制。这次战役,改变了西北战局。蒋介石得知胡宗南惨败的消息后,暴跳如雷,撤了胡宗南的职。由于没有合适的人选替换胡,也看在胡宗南的一片忠心,没过多久,蒋介石又下命令恢复了胡宗南的职务。

1948年2月,胡宗南论及打胜仗及建设官兵关系,规定:团长以下40岁以下官长,在本年度不许结婚,已结婚者另报。但这摆脱不了败局,胡宗南在陕北丢盔弃甲,屡战屡败,已苦撑不下去了,报告蒋介石后,决定放弃延安。1948年4月21日,胡宗南的部队从延安撤离。在这1年零1个月的时间里,胡宗南被解放军全歼11个整编旅共10万人以上。

随着蒋介石在全国各地战场的败退,胡宗南又连续打了几个败仗,不得不退守关中、西安一线。1949年1月20日,蒋介石迫于全国战场形势,宣布下野。1949年,蒋介石败退到台湾,胡宗南这个昔日的"西北王"也逃往台湾。蒋介石下令裁撤"西南军政长官公署",调任胡宗南为"总统府战略顾问"。此时的胡宗南已是一个名副其实的光杆顾问了。叶霞翟去台湾后,任"教育部"特约编纂、台北灵粮堂执事、"中央妇女工作指导会议执事委员"、"中央青年工作会兼任委员"等职。

1950年5月18日,台湾国民党监察院72岁的委员李梦彪领衔,串联了46名监察委员,以西南绥靖主任兼西南军政副长官胡宗南丧师失地，贻误军国，提案弹劾，提案经监察院通过立案。同时，还把弹劾文发表在台湾与香港的报纸上。

弹劾文发表后，舆论大哗，人们议论纷纷。胡宗南的一帮朋友趁此机会四下活动，找人说情。结果又有108个"立法委员"签名上书，为胡宗南评功摆好，要"行政院"和"国防部"爱惜人才，免其处分，责效将来。

蒋介石虽然大骂胡宗南"混蛋"，撤了胡宗南的职，其实他心里再明白不过，西北、西南的失守，主要责任并不在胡一人。好几个月的时间过去了，这件事终于大事化小，小事化了。最后的结案是：应免议处。轰动一时的弹劾胡宗南案就此落幕。胡宗南终于逃过了这场风波，但是蒋介石对胡宗南往日那种宠爱与重用，却是一去不复返了。

叶霞翟和胡宗南的全家福

全家6口人的生活全靠胡宗南支撑，叶霞翟时常为钱发愁。无奈之下，叶霞翟靠写文章赚稿费补贴家用。她第一次向《中央日报》投稿未中，接到退稿信，非常沮丧，还哭了一场。可是她是一个非常好强的人，她再写、再退，终于有一天，她的文章上了报，稿费来了，家中的生活得以改善。

1953年8月，胡宗南奉命进入台湾"国防大学"学习。1954年2月，胡宗南从"国防大学"毕业。他仍没有实际职务，在家赋闲读书。这年的10月，妻子叶霞翟又为他生下第二个女儿。胡宗南年近60，老来得女，他十分高兴，成天在家陪妻教子。

夫人叶霞翟近年不断在报刊上发表文章，著述颇丰，成为台湾知名作家。孩子们也都聪明活泼，好学上进，这使胡宗南十分欣慰。1962年旧历除夕之夜，胡宗南一家六口团聚一堂。大年初一，家里人来客往，胡宗南也乘兴前往多年没有走动的老朋友家里拜年问候。

15. 一再推迟婚期的胡宗南

叶霞翟和她的儿女们

到了正月初三,胡宗南觉得身体坚持不住了,住进了医院。蒋经国、蒋介石先后前来看望,令胡宗南感激涕零。2月13日,胡宗南精神很好,晚上9时还吃了半个苹果,与夫人聊了一会儿家常,然后入睡。凌晨3点多钟,胡突然惊叫数声,一手高举,便昏迷过去。医生急忙抢救,夫人叶霞翟闻讯急率子女从家中赶来。此时胡已不能言语,进入弥留状态。14日,胡宗南的心脏停止跳动,终年67岁。

1950年代,胡宗南与蒋经国、毛人凤在一起

叶霞翟热衷教育,筹办中国文化学院,任台湾省立台北师范专科

学校校长,赴夏威夷东西文化中心和夏威夷大学研习特殊教育,当选国民党"十大"、"十一大"中央委员。1980年,从台北师专退休,专任文化大学家政研究所所长。

1981年叶霞翟去世,她的墓碑上刻下了"永不低头的女性"几个字,她的墓就在胡宗南墓的下边,夫妻两人终于获得了永远的安宁。

1962年胡宗南去世,蒋介石出席葬礼

16. 成为蒋介石"女婿"的陈诚

陈诚字辞修,1898年出生在浙江省丽水市青田县高市。陈诚不但是黄埔系骨干将领,而且处处模仿蒋介石,有"小委员长"之称,后成为一个政治家,其政治才干超过军事才干,主政台湾期间,对稳定国民党在台统治作用甚大。在其充满传奇色彩的一生中,好在有贤妻相伴。

在黄埔军校出任教官时的陈诚

一、初尝包办婚姻苦果

1918年,20岁的陈诚与邻村的吴舜莲,由双方父母包办结婚。吴舜莲是他在浙江省立第十一师范学校读书时的同学吴子漪的妹妹。吴家家境殷实,结婚时陪嫁的妆奁亦颇为丰厚,即便是陈诚读书的费用,也常得到吴家的接济。据说陈诚正是靠着妻子嫁妆的资助,入读杭州省立体育专科学校。

北伐时期的陈诚

风华正茂的陈诚,胸怀大志,与一个素不相识的乡村女子结为终身伴侣,内心终究是不甚情愿的,但他没有抗拒这样的父母之命、媒妁之言。盲婚哑嫁,注定了这是一场将走向悲剧的婚姻。

吴舜莲是个典型的旧式妇女,没有受

过教育,在当时依然裹着小脚。从相貌来看,她也没有绝世的姿容,只能说是五官端正而已。好在旧社会盛行"女子无才便是德"的说法,吴舜莲忠厚纯朴、温顺善良,仍不失为一位贤德的主妇。婚后最初的日子是美好的。吴舜莲身操持家务、孝顺公婆,将家中的各项事务打理得井井有条。

陈诚并不限于只满足家庭生活的温暖,他想走出闭塞的农村。陈诚冒名顶替报考保定陆军军官学校。但因考试成绩差,身材矮小,不能录取。后经友人疏通,于1919年以备取生名义进了保定军校第八期炮科。

1922年6月,陈诚保定军校毕业后,被分配到浙江绍兴的浙军第二旅第六团三连当见习官。不久,补为少尉排长。他看到干了两年还没有晋升,便觉得在浙军中如果没有后台,很难有所作为,决计另找出路。1924年春,黄埔军校筹建,陈诚不惜以较低的军阶进入黄埔军校,引起了时任黄埔军校校长蒋介石的特别关注。

年轻时的陈诚

陈诚在军界的路越走越宽,吴舜莲无疑是欣喜的。然而,不管从哪方面来看,夫妻之间的差距也越来越远。1924年秋,陈诚因父亲亡故回乡奔丧。吴舜莲终于看到了久别的丈夫,想多说些话。也许是过度劳累,但这绝不是主要原因,陈诚对这个陌生的妻子十分冷淡,不想与妻子共住一个房间。

吴舜莲想到自己多年来辛劳操持家事,却换来陈诚的冷脸相对,一句发自内心的嘘寒问暖话语

陈诚与孙连仲合影

16. 成为蒋介石"女婿"的陈诚

都没有,平日独守空房倒也罢,现在丈夫回来了,依然独守空房,吴舜莲越想越气,觉得与其守活寡,不如一死了之,她拿起剪刀,朝自己的喉咙就戳了下去。好在陈诚在外屋藤椅上并没睡沉,听到声音异常,发现妻子自杀,好在抢救及时,吴舜莲捡回了一条命。

吴舜莲的自杀,并没能挽回陈诚的感情。陈诚的回乡之旅就这样匆匆结束,踏上遥遥征途。吴舜莲继续守候着婆婆,没有机会生儿育女。陈、吴两人在精神和感情上的鸿沟却难以填平,可陈母却真心喜欢舜莲这个温顺贤惠的儿媳。

二、多方受益的政治联姻

由于得到蒋介石的信任,加上屡立战功,陈诚很快晋升到师长、军长,跻身高级指挥官行列。中原大战后,陈诚在平步青云的同时,也有了桃花运,娶得谭祥为妻,婚姻问题得到圆满解决。

谭祥字曼怡,1905年出生于长沙,是国民政府主席谭延闿的三女儿,品貌端庄,聪慧出众,比宋美龄小几岁,又是留美同学。因为其父谭延闿曾认宋美龄做过"干妹妹",谭祥在辈分上就成了宋的"干女儿"。谭延闿在政治上有"文甘草"之

年轻帅气的陈诚

称,八面玲珑。蒋介石第一次下野重新上台后,出任国民政府主席,谭延闿退任行政院长,两人在工作上和私下里经常有交往。谭祥当过南京陆军子弟学校教员,有时便随谭延闿会蒋,嘴甜讨喜,甚得蒋介石夫妇喜爱。

谭延闿临死前还特将谭祥的婚姻大事拜托给蒋氏夫妇。谭延闿曾极力撮合蒋、宋联姻,宋美龄因此责无旁贷地要为谭祥选个"佳婿"。宋美龄与蒋介石商议,年轻将领中,数陈诚与胡宗南最为优秀,两人相比,又数陈诚更为合适。蒋氏夫妇知道陈诚的不幸婚姻,想促成陈、谭姻缘,也可使爱将脱离名存实亡婚姻的苦海。

陈诚在蒋氏夫妇的安排下见过谭祥,不仅为谭小姐落落大方的仪态和知书达理的高雅素质所折服,而且更为蒋介石、宋美龄亲

自出马充当介绍人而受宠若惊。他毫不犹豫地接受了蒋、宋的美意。谭祥对陈诚的翩翩风度和军阶战功,也很是仰慕,双方可谓一见钟情。

陈诚与谭祥的结婚照

尽管陈诚与谭祥情投意合,可要结成夫妻必须先解除他与吴舜莲的婚姻关系。陈诚知道谭祥是主席千金、名门闺秀,必须明媒正娶,不能让谭受任何委屈。但是吴舜莲也是陈家明媒正娶的儿媳,操持家务任劳任怨,受老家族肯定。与吴舜莲离婚是一个难题。

陈诚委托同乡前辈、吴家祖上的亲族杜志远先生和吴舜莲的哥哥、现已是自己下属的吴子漪,出面进行劝导,要元配夫人同意办理离婚手续。淳朴、老实的吴舜莲,在各方劝说下,只好同意离婚,并决心终身不再婚嫁。其实,吴舜莲早就预感到自己的婚姻无法长久,曾在回到娘家,见到父母的时候尽情地宣泄心中郁积已久的悲伤和委屈,她哽咽地告诉母亲,早知如此,还不如嫁给一个撑船人,宁愿粗茶淡饭也好过整日形单影只、茕茕孑立。

还是受到封建传统思想的影响,吴舜莲只提出了一个可怜的条件："生不能同衾，死后必须同穴。"陈诚当即同意。吴子漪代写了一张离婚协议书，并注明：因舜莲不识字，故由子漪代为签名盖章。吴氏被离异后，仍住在陈家，以陈家媳妇身份侍奉婆婆。

陈诚与谭祥，原本要在1931年10月10日结婚，后由于日军入侵东北，于是延期次年初正式结婚。次年元旦，陈诚身穿戎装，与手捧玫瑰花束的谭祥，在南京励志社举行婚礼。蒋氏夫妇亲临祝贺，婚礼隆重而简朴。随后，蒋介石特给假期，新婚夫妻双双到杭州西子湖畔度了蜜月。

陈诚既是浙江人，又属黄埔系，原本就符合老蒋的"用人标准"。娶了谭祥后，陈诚又成了蒋介石"女婿"，更加被蒋视为心腹，多次被破格提拔。陈诚感激蒋的知遇之恩，对蒋忠心耿耿。蒋介石与陈诚之间也有过冲突，第一次就发生在陈、谭婚后不久，缘起邓演达被杀。

三、与蒋介石的第一次冲突

邓演达曾是黄埔军校七名筹备委员之一，军校成立后，任训练部副主任兼学生总队长，后任教育长，是蒋介石的得力助手。中山舰事件后，因抨击蒋介石，被蒋嫡系何应钦顶替。蒋介石反共后，邓演达离开武汉，在莫斯科与宋庆龄等人联名发表宣言，痛斥蒋汪是人民的公敌。1930年春，邓演达回沪，反对蒋介石独裁统治。蒋介石下令悬赏捉拿邓演达。1931年8月17日，邓演达被捕，拒绝蒋介石的多次威逼利诱，于11月29日被杀害，年仅36岁。蒋介石杀害邓演达，不但意在消灭政敌，还有杀鸡儆猴之效。

陈诚在保定军校读书时，邓演达是他的区队长，因此二人有师生之谊。陈诚毕业后，到粤军投奔邓演达。在一次战斗中，陈诚胸部中弹，是邓演达率部将他从战场上抢救下来，后来陈诚到黄埔军校当教官也是因为邓演达的推荐。因此，二人有着十分深厚的情谊。

得知邓演达被捕，陈诚多次致电蒋介石，请求他"为国惜才，贷其一死"，蒋介石也表示会宽大处理，这让陈诚"深信总座之伟大，绝不我欺"。邓演达被处死后，陈诚正在江西主持军事，得知这一消息，他向蒋介石表示："今公不能报国，私未能拯友，泪眼山河，茕茕在疚"，希望能够"即日离职赴京请罪"。被蒋介石训斥"因私害公，因友忘党,有负职责"。陈诚要求辞职,以示愤慨。

陈诚夫妇与长子的合影

1945年10月重庆谈判结束时,陈诚(左)送毛泽东回延安时在机场的合影

可见,陈诚对蒋介石的忠诚,也不是一味的盲从。陈诚对蒋介石用人讲派系也提出过意见,在抗战策略上与蒋介石也有过分歧,好在陈诚意见相左、顶撞之后,绝对少不了向蒋表白:"名虽部属,恩深骨肉"、"蒋先生之爱我望我,虽自己之父兄亦有所不及"等。陈诚很清楚,在派系林立的权力网络中,陈诚除了顺从和依靠凌驾于权力网络之上的蒋介石之外,几乎难有立足之地。当然,

这其中多少也有谭祥的作用。

婚后的谭祥堪称贤内助,持家有方,每当陈诚在人事关系上遇到麻烦时,也亲自出面到干妈宋美龄面前说情表白,使之化险为夷。蒋介石与陈诚之间有一种旁人难以言表的默契,所以陈诚虽然多次想"脱离军事与政治",甚至离开蒋介石,但有多少次辞职和"病休",随后就有多少次再作冯妇,直至熬到白头。

四、衣锦还乡

1937年3月,春暖花开,经历了"西安事变"历险后,久经沙场的陈诚携新妻谭祥回到青田老家拜见婆婆。陈诚夫妇从武汉出发,经南昌、金华而至丽水。在母校省立第一中学,陈诚接受了师生的叩拜。校长、师生均以有陈诚这样校友而骄傲。

陈诚一行才到青田高市,就有部队列队相迎,警车开道伴行,家乡父老夹道相迎,好不威风。陈母听说儿子回乡,早就翘首以待,一直在家门口站到中午,才将儿子、儿媳盼到家。拉着儿子的手,看着美若天仙的新儿媳,高兴得竟然流出了眼泪。陈诚的旧居,这一天早已被挤得水泄不通,夫妇二人盛装出现,不断微笑着向家乡父老们挥手致意。陈诚在居所设置警戒的

陈诚送友人的照片

同时,也热情欢迎来访的亲朋故旧,一时间门庭若市。

谭祥很有礼貌地拜见过婆婆,随着陈诚一起亲昵地叫了声"妈妈",并取出从武汉带来的衣料、糕点以表孝心。母亲看着站在谭祥身畔的儿子一脸幸福,对这个新媳妇自是非常满意。当介绍到吴舜莲的时候,谭祥亲热地拉住吴舜莲的手,大方地叫了声"姐姐",也赠送了衣料和糖果作为礼物。吴舜莲望着她,明白自己与她之间是云泥之别,她才是更适合站在陈诚身边的女子。

谭祥出身显赫,在国内受过良好的教育,又曾留学美利坚,举手

投足尽显大家闺秀风范,让乡亲父老们惊为天人。在陈公馆,谭祥以主妇的身份得体地接待着络绎不绝的八方来客。陈诚尽管身居高位,在家乡父老面前还是显得分外谦逊。谭祥则根据来人的身份、年龄,赠送他们一些糖果、糕点或其他纪念品。陈诚此番堪称衣锦还乡、荣归故里,进出陈公馆的人也算是与有荣焉。

陈布雷与陈诚,一文一武,均为蒋介石器重

第二天,陈诚到自己的另一所母校——高市小学参观,后由弟弟、弟媳正修夫妇陪同,去村后黄山头祭扫父坟。谭祥并不喜欢婆婆同舜莲住在一起。因为这在形式上,威胁了她自己陈家儿媳的身份。于是,她在离开之前再三邀请婆婆住到儿子那边,并请陈诚为舜莲新建一幢寓所。

吴舜莲被离异后,根据当初的协议,仍然住在陈家,以陈家媳妇身份侍奉婆婆。后来,在谭祥的建议下,陈诚在青田城里新寺巷,为舜莲专门建了一幢新式二层楼房,供她一人居住。钱能买房子,却买不到一个温暖的家。舜莲的结局无疑是个悲剧。

衣锦还乡之后,抗战爆发。陈诚任第六战区司令,屡吃败仗,连失武昌、南昌、宜昌三地,被人戏称为"三昌将军",不少人要求按军法处置败军之将。陈诚夫妇面临逆境的考验。

五、夫妻情深

婚后的陈诚家庭和睦,宦途更加顺风顺水。谭祥持家有方,孝敬婆婆,教育子女,堪称贤内助。偶尔陈诚在人际关系方面遇到麻烦,便会利用自己的特殊身份,在宋美龄面前为其周旋。

1933年初,陈诚的部队共被红军歼3个精锐师。素与陈诚不和的江西省主席熊式辉,抓住这一机会,给国民政府主席林森、军事委员会委员长蒋介石和行政院长汪精卫发电报,请求加调得力部队并派员督剿。陈诚得知后,便向蒋介石发去电报表示辞职,且不等回电即

中年陈诚

回了南昌官邸。蒋介石对陈诚的失利虽有不满,但仍未失去信任,且综观诸将,下一阶段"围剿"的前方指挥,仍非陈诚莫属,只是对他不便主动召见。而陈诚则觉得是戴罪之身,无颜再去拜见。

谭祥虽不过问政务,但对目前的局面却是十分清楚的,想为丈夫分忧。次日,谭祥邀陈诚出去散步。春回大地,生意盎然。陈诚的心情也好了很多。不知不觉,快接近蒋介石的官邸,谭祥提出要去看望宋美龄,陈诚犹豫了一下便答应了。

来到蒋介石官邸,宋美龄热情地接待了陈诚夫妇,寒暄了几分钟后,蒋介石也出来了。在这个非正式的场合,双方如同一般的好友见面一样谈笑风生,气氛亲切、友好,无形的僵局自然而然被轻松化解。蒋陈的关系经过此番考验更加紧密,蒋对陈做了慰勉,陈也对蒋表了效忠之心。

谭祥并不过问丈夫的公务,但也有一次例外。抗战期间,陈诚在恩施担任湖北省政府主席时下过一道命令:全省文武僚属,一律不准

陈诚就任"副总统"

坐轿子。命令公布后,一位厅长患痔疮,又有脚气病,无法走路上班,但又不敢违抗命令,只好痛苦地坚持步行。几天后,厅长的太太不忍心,求见了陈夫人,请求陈诚能准许她的丈夫坐一段时间轿子。谭祥的心被说动了,她难得地为这位厅长说了情。

谭祥随陈诚度过了"剿共"、抗日和内战的常年战争岁月,谭祥性格温存,落落大方,夫妻感情弥笃。

蒋介石面对内战败局,对陈诚说,我让你管了几年军事,结果一大半江山被你管没了,再管下去,就要弄光了,我不能不亲自来管了。陈诚被蒋派到台湾准备后路去了。1948年秋抵台后,陈诚在宦海生涯中节节高升,谭祥伴随着夫君,度过了一段较为安定和舒适的日子。1950年3月,蒋介石自行复职"总统"后,陈诚出任"行政院长",后任"副总统"兼任"行政院长"。谭祥就成了"副总统"夫人。"女婿"毕竟不如亲儿,蒋介石重用陈诚的目的,是为了让长子蒋经国顺利接班。

1959年,陈诚送友人的照片

在1950年代初期,蒋介石虽然在日记里有不少咒骂陈诚的言语,以发泄不满,但对陈诚却依然重用。陈诚是有自知之明的,尽心扶佐"太子"。由于工作劳累,加上身有旧伤,陈诚的身体江河日下,日益衰弱,不久被确诊得了胃癌,美满幸福的家庭被一层阴影笼罩着。

16. 成为蒋介石"女婿"的陈诚

1956年,蒋介石夫妇、陈诚夫妇面见美国参议员哈瑞斯等人

因为得到夫人谭祥的精心护理,陈诚精神上享受到与亲人团聚的安慰和满足,病情一度趋于稳定。有时,他能在花园中散步,逗弄依偎膝下的孙子、外孙。但是,进入1965年以后,陈诚的健康状况急转直下。3月5日,陈诚去世。蒋介石手书挽匾"党国精华"、挽联:"光复志节已至最后奋斗关头,那堪吊此国殇,果有数耶!革命事业尚在共同完成阶段,竟忍夺我元辅,岂无天乎?"公祭之日,蒋介石亲率文武官员致祭,备极哀荣。陈诚去世后,国民党"副总裁"一职从此取消。

陈诚在台湾与家人合影

陈诚生前曾向蒋介石进言：对中共不能反潮流；不能为外国动用台湾的兵力；不能信任美国；不能受日本愚弄等。临终留有三条遗言：希望同志们一心一德，在总裁领导下，完成国民革命大业；不要消极，地不分东西南北，人不分男女老幼，全国军民，共此患难；党存俱存，务求内部团结，前途大有可为。其中竟未出现"反共"和"反攻"一类的词句，只强调一点：精诚团结在蒋总裁的领导之下。有人想要在陈诚的遗言中加上"反共、反攻"一类的内容，谭祥不同意，找到蒋介石，蒋介石同意不修改。

1961年，陈诚携夫人谭祥访问美国

陈诚去世后，谭祥一度伤心过度，身体大不如前，1989年6月6日，因突发性脑溢血病逝台北。谭祥与陈诚共生有二女四子，分别是：长女幸，次女平，长子履安，次子履庆，三子履碚，四子履洁。长子陈履安后来也当过台湾"行政院长"。

17. 并非只是风流的少帅张学良

张学良,字汉卿,号毅庵,乳名双喜、小六子,1901年6月3日出生于辽宁省台安县九间乡鄂家村张家堡屯,是奉系军阀首领张作霖的长子,人称"少帅",因发动"西安事变"而名震中外。周恩来对其评价是:"民族英雄、千古功臣"。张学良年轻时风流倜傥,集民国四大美男与民国四公子于一身,其情事绯闻较多,难免有些失实,"赵四风流朱五狂,翩翩胡蝶正当行"中的朱五、胡蝶与张学良的花边新闻就是捕风捉影。在张学良的情感中,交织着于凤至、谷瑞玉、赵一荻三位才貌双全的女子,她们谱写了伴随张学良一生爱情绝唱。

一、"大姐"于凤至

张学良早年有过不少风流韵事,曾与多名女子有染,他晚年曾作诗一首:"自古英雄多好色,未必好色尽英雄,我虽并非英雄汉,唯有好色似英雄。"他对自己年少好色之举也不避讳。其实,张学良并非只是好色,于凤至赋诗作词的文采与高洁不阿的气质对他有着强烈的吸引力。

于凤至生于1897年农历五月初八,吉林省怀德县大泉眼村人,其父于文斗是远近闻名的商人,对于凤至宠爱有加。于文斗曾帮助张作霖剿办蒙匪,二人关系密切,结拜为兄弟。

一次于文斗请来算命先生为其子女算卦,正巧张作霖赶到,无意之中看到了于凤至的卦帖为"凤命",又看到眼前的于凤至虽然年纪尚小,但身材颀长,五官端正,加上长着一双凤目,更显得端庄秀丽,妩媚动人。张作霖一直认为自己的长子张学良是"虎门将子",与"凤命千金"的于凤至是难得姻缘,忙托人前往于家提亲。

于文斗担心张作霖身为统领,官宦之家免不了三妻四妾,担心女儿将来受委屈。张作霖拍着胸脯保证说:"我儿子决不娶二房!"于是张于两家订了亲。此时,张学良才8岁,于凤至11岁。此前,于凤至正在当地私塾学习四书五经,为了将来能做好少夫人,于凤至被父亲送到奉天女子师范学校学习,并以优异成绩毕业。

张学良(左)与母亲赵春桂(右)、姐姐张怀英(中)合影

　　1915年,张学良已长成一个英俊少年,加之受到良好的教育,接受了许多西方的新思想和文化,在他的脑海里充满了对婚姻自由的憧憬,对由父母包办的婚姻相当抵触,难以接受一位小镇民女。于凤至虽对包办婚姻也不满意,但父命难违,加之对方是受人景仰将门之子,也就认命等待张学良上门相亲了。但张学良多次找各种借口不来于家,这大大伤了于凤至的自尊。

　　于凤至看到张学良托人送来的聘礼单子时,深感委屈与气愤,提出拒绝这门婚姻,当即在礼单上写下四句诗:"古来秦晋事,门第头一桩,礼重价连城,难动民女心。"这一举动大出张学良的意外,这个小镇姑娘竟用言简意赅的四句诗,拒绝了可使任何一个姑娘为之动容的丰厚聘礼。于凤至的小楷清秀中透出刚劲,潇洒里蕴含几分俊逸,使写得一手好字的张学良觉得自愧不如。张学良在惊羡于凤至

17．并非只是风流的少帅张学良

的文采之外，还为她不贪图荣华富贵的人品所打动。

恰巧此时于凤至随其父于文斗到奉天探亲访友，并购买字画赠送张作霖。初次见到于凤至，张学良眼前一亮，于凤至高挑的身材，娟秀的容貌，举止端庄大方的高雅气质，顿时吸引了他。后来登门造访于府，于凤至则避而不见，张学良遂挥毫写就了一首表达爱慕之情的《临江仙》："古城相亲结奇缘，秋波一转销魂。千花百卉不是春，厌绝粉黛群，无意觅佳人。芳幽兰独一枝，见面方知是真。平生难得一知音，愿从今日始，与妹结秦晋。"对此，于凤至也和了一首《临江仙》："古城亲赴为联姻，难怪满腹惊魂。千枝百朵处处春，单元怎成群，目中无丽人。山盟海誓心轻许，谁知此言伪真？门第悬殊难知音。劝君休孟浪，三思订秦晋。"

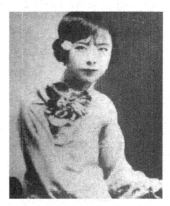

年轻时的于凤至

从诗中可见张学良对于凤至的态度，是从不甘心、不情愿到视其为"知音"并"海誓山盟心轻许"，而于凤至仍然在考虑"门第悬殊"问题，仍然在想豪门公子的"海誓山盟"是否真心。这在当时封建王朝刚刚退出历史舞台的民国初年，充分体现了于凤至不仅是一位才华出众的才女，也是一位追求婚姻幸福、追求真爱的新女性。诗文成就了一段旷世姻缘，1916年，张学良与于凤至在奉天举行了结婚大典。

婚前，张作霖为使这桩旧式婚姻得以结成，曾同意张学良婚后可以在外面再找女人。婚后，于凤至温婉如初，与帅府上下相处融洽，与丈夫情趣相投，夫妻两人相敬如宾，其乐融融。于凤至不但是理家好手，也是丈夫事业上的好帮手。

对于张学良的红颜知己赵一荻，于凤至也豁达接纳，并与丈夫一起称之为"小妹"。张学良为了珍惜、敬重并不负于凤至与自己的患难夫妻真情，一直让自己后来爱上并相濡以沫一生的赵一荻36年没有夫人名义。后来，于凤至更是深明大义，甘愿退出牺牲自己也要成全张赵的美好姻缘，成为两人的好"大姐"。他们三人的关系在当时特定背景下，能相处得如此和谐当属不易。

1925年，东北军打败孙传芳，张学良首次到上海，与当时上海滩最知名的待嫁美女宋美龄相识,被宋的高雅气质倾倒,称她"美若天仙"。他们两人经常在一起跳舞、游玩,少帅还主动与宋约会了好几次。两个人当时都只有20多岁,感觉过得非常愉快。少帅曾对人说:"若不是当时已有太太,我会猛追宋美龄。"宋美龄对张学良印象也很好,这也是后来她被张称为"保护神"的渊源。

年轻时的张学良

对于给予张学良的爱,于凤至不仅在张作霖遇害之后挺身而出,不仅在张学良早年军政生涯中给予不尽的支持相助;也不仅在张学良囚禁生活中耐心伴随左右,过起骨肉分离的非人生活;即使在与张少帅分离很久、凄凉寂寞的晚年生活中,也处处心系丈夫,其爱可谓肝胆相照。除了在美国以智慧赚钱为张学良购置别墅,准备一块天国相会的坟穴,于凤至嘴里也时时充满深情地对别人说:"汉卿这人好啊,很热情厚道,极富有正义感,一生从不负人。我们夫妻感情一直是很好的。"难怪少帅后来在于夫人墓前挥毫作书:"平生无憾事,惟一爱女人。"

作为张学良将军的第一夫人,于凤至与他的婚姻尽管是父母之命,但两人的爱情依然万古长青,让人敬慕。从两人相识、相知、相爱、分离的经历看,于张的爱情可谓肝胆相照、患难与共。尤其是于凤至为了张学良可以牺牲一切的高尚情操,更是让人叹为观止。

1990年1月,于凤至去世,享年93岁。她在自己墓穴旁留一空穴,希望能与张学良死后相聚。次年,张学良来到于凤至墓前,泪流满面地说:"大姐,你去得太匆忙了,如果能再等一等,也许我们就能见面了。"

二、随军夫人谷瑞玉

张学良的两位夫人于凤至、赵一荻,知道的人较多,张学良在赵一荻之前还有一位夫人——谷瑞玉。张、谷两人的相识相恋,充满着西方浪漫爱情的味道。这段婚姻是年少倜傥的张学良偶然中的必然,后以离异而告终。

17. 并非只是风流的少帅张学良

1904年2月出生的谷瑞玉,亭亭玉立,妩媚动人,是天津一个大户人家的千金小姐。1922年7月,第一次奉直战争爆发期间,当时18岁的谷瑞玉由于两位姐姐均与东北军上层人物有特殊关系,在出席二姐夫家宴时与20岁出头的张学良相识。张、谷两人一见钟情,产生相见恨晚之意,分别后都在思念着对方。

1923年,时任东北航空处督办的张学良从国外订购一批飞机,前往天津与英国商人会谈。深知其妹之心的二姐及二姐夫从中撮合,由谷瑞玉担任张学良的翻译,表现落落大方,表达准确。此次谈判成功后,张、谷两人的相互倾慕又加深了。不过,因为与于凤至感情笃深,张学良努力控制着对才貌双全谷瑞玉的感情。但谷却从此深深地痴恋上风流倜傥的张学良,不能自拔。

1919年时的张学良,
东北讲武堂第一期学员

1924年9月,第二次奉直战争爆发,张学良统兵镇守山海关,谷瑞玉冒着生命危险赴前线探望张少帅,在炮声中陪伴心爱的人。战事结束后,大获全胜的张学良的爱情天平,开始向谷瑞玉这位爱心似火、勇敢坚强的美少女倾斜。张作霖默许了长子这门自由恋爱的婚事。

1924年10月,张学良与谷瑞玉在天津结婚。稍显遗憾的是,迫于于凤至的不接纳压力,张学良未把谷瑞玉带回沈阳的大帅府。此后,谷瑞玉不辞辛苦地伴随着丈夫南征北战,从未抱怨,有"随军夫人"之称。为了少帅的健康,她数次身体力行地规劝少帅戒烟;为了照料少帅,重病在身的她仍如影相随。这段战事中的爱情无疑是张谷二人关系最融洽、最值得回味的时期。

战事稍平后,张学良为谷瑞玉在天津买了套豪宅,以满足她听戏的愿望。安定之后的谷瑞玉开始厌倦漂泊不定的军旅生活,性情变得暴躁,常为小事与张学良吵闹。1928年2月,张学良升任第三方面军军团司令驻防保定,谷瑞玉不肯离开天津,时常出入舞厅、酒吧,甚至到北京听戏数日不归,有次竟打着张的名义,请梅兰芳等名角唱堂会。张学良很是恼火,两人感情渐淡,不得不分居冷处理这段夫妻姻缘。张作霖遇难后,谷瑞玉贸然返奉引起日本关东军的注意,更加埋下了她在政治上与少帅分道扬镳的祸根。

"风流少帅"张学良

张学良主政东北后,谷瑞玉以功臣自居,几次三番要到大帅府居住,逼要名分,两人矛盾加大。谷瑞玉不听张学良劝阻,与杨宇霆姨太太来往,1928年冬,谷瑞玉在"东北易帜"谈判宴会上,险些让张学良遭日本人暗算,两人误解更深,并愤然反目。

1931年1月,忍无可忍的张学良与谷瑞玉解除了婚姻关系。张学良念及旧情,为她在天津购买了一栋小洋楼,并给了十万元生活费。离婚后的谷瑞玉变得更加暴躁,收养了一个女儿,常常借烟消愁。1946年夏,谷瑞玉凄凉病逝,年仅42岁。

三、相依到老的赵一荻

赵一荻又名绮霞,因其1912年5月28日在香港出生时,东方天际出现一片绮丽多彩的霞光而得名。她有两个哥哥和三个姐姐,在姐妹中排行第四,又被称为赵四小姐。赵一荻父亲赵庆华在北洋政府历任津浦、沪宁、广九等铁路局局长,曾任东三省外交顾问,并官至交通次长,为人耿介不阿,为官清廉。赵四小姐的青少年时代是在天津度过的。在天津上学期间,她是个刻苦用功、成绩优秀的学生。赵四小姐天生丽质,且又聪明灵慧,十四五岁就曾成为《北洋画报》的封面女郎。

张学良是赵家的常客,1927年春天在天津蔡公馆舞会上认识了

17. 并非只是风流的少帅张学良

16岁的赵一荻。两人一见钟情,很快坠入爱河。此后的日子里,张学良一有空闲就和赵一荻散步、聊天、打球、下棋,或者谈论新诗。

《北洋画报》上刊登的
赵四小姐玉照

父亲赵庆华知道女儿与有妇之夫张学良在一起,一气之下将赵一荻软禁起来。在六哥赵燕生的帮助下,赵一荻与家人不告而别,去东北投奔张学良,成了张学良的编外夫人。

1930年张学良(右二)宣任陆海空军副司令,
两边分别为吴铁城(右三)、张群(右一)

赵庆华夫妇知道女儿喜欢已有家室的张学良,就在报上发表声明称:"四女绮霞,近日为自由平等所惑,竟自私奔,不知去向。查照家祠规条第十九条及第二十二条,应行削除其名,本堂为祠任之一,自应依遵家法,呈报祠长执行。嗣后,因此发生任何情事,概不负责,此启。"

1930年,(左至右)张学良、宋蔼龄、于凤至、宋美龄、蒋介石

赵庆华随即声言自身惭愧,从此辞离仕途,退隐而居。当时军阀混战不息,张学良主政东北奉系,赵庆华官任北洋政府,认亲与否,多有不便。赵庆华隐退之举既可避免政争嫌隙,落人口实,又可减免张学良恩怨之忧虑,任其放手作为,可谓用心良苦。

张学良的元配夫人于凤至担心赵四小姐的私奔有辱张家门庭,只给她秘书的地位,没有给她正式夫人的名义。但这些都丝毫没有动摇赵四小姐对张学良的爱情,她心甘情愿地以秘书身份陪伴张学良。心胸大度、温柔贤惠的于凤至被赵四小姐的一片真情所感动,力主在少帅府东侧建起一幢小楼,让赵四小姐居住。两人还以姐妹相称,和睦相处。1929年赵四小姐为张学良生下了唯一的儿子张闾琳。"九一八"事变后,张学良背上了"不抵抗将军"的恶名,赵四小姐也遭到国人的嘲讽和谩骂,被诬为"红颜祸水"。1933年3月11日,张学良通电下野后,赵一荻伴其由上海乘意大利邮轮启程赴欧洲考察。

17. 并非只是风流的少帅张学良

西安事变后,张学良被蒋介石软禁在溪口期间,于凤至和赵四小姐每月一替一换,轮流来此陪伴张学良。于凤至由上海乘船来宁波,赵四小姐则由宁波去上海,有时她们也一同留在张学良的身边,小住几日。后因赵四小姐和张学良所生的独子张闾琳年幼,于凤至留下照顾张学良三年,赵四返回上海抚养幼子。

"政治蜜月"期的张学良与蒋介石

1940年冬天,赵四小姐将幼子托付给朋友照料,只身前往陪同张学良一起过幽禁生活,从此再也没有离开过。1948年后,蒋介石对张学良的"管束"更加严密,后来很长一段时间,外界再无任何张学良与赵四小姐的音讯,也无人再敢未经批准前去探访。有一次,张学良给蒋介石送了块手表,意思是询问:"要关我到什么时间?"蒋回赠一副钓鱼竿意思为:"慢慢等"。

这一等,就是遥遥无期。国民党兵败大陆后,蒋介石将张学良转至台湾继续软禁。在与世隔绝的寂寞中,张学良和赵四小姐的凄苦是可想而知的。他们俩相依为命,张学良把一切希望和欢乐都寄托在赵四小姐的身上,赵四小姐则尽自己全部的力量给张学良以安慰和照料。见过的人都说,赵四小姐经常身着蓝衣,脚登布鞋,几乎洗尽铅华,终日陪伴在张学良身边,令人感动。虽然相对来说,她比张学良多些自由,每年都能获准到美国去探望儿孙,但她每次总是飞去飞回,仅住两三天,即又回到张学良身边。

在半个多世纪的幽禁生活中,赵四小姐一直是张学良生活上最大的支柱,他们之间的爱情愈发浓烈。1964年,于凤至同意与张学良解除婚约,成全了张学良与赵四小姐的爱情。同年7月4日,即张学良64岁那年与51岁的赵一荻终于在台北市正式结为夫妻,赵四小姐在两人同居36年之后获得了正式名分。

绮霞美人赵一荻

年轻时的赵一荻

张学良早年风流成性,身边美女如云,被蒋介石软禁后,身边红颜只剩两人,其中犹数赵一荻相伴时间最长。张学良有时向别人吹嘘:"我有时大发脾气,我太太还是让我的!"别人就追问:"那平时不发脾气时呢?"张学良就讪讪道:"那当然是太太做主。"赵一荻不无感慨地说:"这要感谢蒋委员长,被他软禁,倒成全了我们能维持这么长时间。"

17. 并非只是风流的少帅张学良

赵一荻帮助张学良处理信件或手稿

寂寞的张学良在听收音机

夫妇两人皈依宗教,成为虔诚的基督教徒,曾用化名出席台北市多个基督教徒的聚会。1990年张学良结束幽居的生活而公开露面,1995年选择在夏威夷定居,并且每个星期都准时去教堂参加礼拜活动。不论张学良在何处,赵一荻总是陪伴在他身边。张学良晚年留下遗嘱,选择美国哥伦比亚大学作为他文稿的最后收藏地,以防被人歪曲历史事实。

赵一荻在井上温泉住所的门廊下。
忧郁的神情,流露出她当时苦闷的心情

2000年6月22日,赵一荻握着张学良的手离开了人世。百岁高龄的张学良对赵一荻的去世,显出难以言喻的哀痛。他沉默不语地坐在轮椅上,泪水缓缓地流下来。张学良曾说过,他这一生欠赵四小姐太多。2001年10月14日,张学良在美国夏威夷走完了曲折的人生。

赵一荻陪张学良在一起

张学良和赵一荻在张学良90大寿庆贺会上合影

18. 靠太太官运亨通的魏道明

年轻时的魏道明

魏道明字伯聪，1901年出生在江西德化（今九江市），早年留学法国，获巴黎大学法学博士学位。1926年回国后，在上海从事律师事务。1927年任国民政府司法部主席秘书，同年冬任司法部次长、代理部长兼建议委员会常务委员。1928年任司法行政部部长。1930年任南京特别市市长。1935年任《时事新报》、《大陆报》、《大晚报》总经理。抗日战争爆发后，任行政院秘书长。1941年任驻法国大使。1942年任驻美国大使。抗日战争胜利后，任国民政府立法院副院长。1947年任国民党台湾省政府首任主席。魏道明之所以能够官运亨通，主要是仰仗大他十岁的能干夫人郑毓秀。

一、郑家有侠女

魏道明是家中长子，其父魏调元是个穷秀才，屡试不中，以教书养家，魏母生了好几个孩子，靠帮人洗衣服补贴家用。民国初年，魏调元出任众议院议员。魏道明随父前往北京，就读法文学堂。魏道明的人生突变，是从认识郑毓秀开始的，知情人都知晓魏道明是靠老婆起家的。

郑毓秀1891出生在广东一家境富裕的大户家里，其祖父早年在房地产业取得巨大成功，成为富甲一方的商人，其父在清政府户部做官,常年留居北京。郑毓秀幼年学习儒学,研读四书五经。

6岁那年,郑毓秀叫了几个小佣人和堂兄堂妹们一起玩游戏。玩耍中,一位堂兄和一个小佣人发生了冲突,堂兄狠狠地拉着小佣人的头发重重踢打。大人们赶来后,丝毫没有同情小女佣,并要把她赶出家门,郑毓秀却愤怒地拉着堂兄大吼:"打人的是你,错的是你。"郑毓秀的大胆,让在场的所有人都惊呆了,祖母暴怒之下将她关了起来,而郑毓秀依然大声反抗:"你们不能这样,她没有做错事,为什么要受到惩罚。"

大家闺秀郑毓秀

郑毓秀不但从小体现出匡扶正义、保护弱者的侠义精神,也敢于向封建传统礼教抗争。郑毓秀自幼性格叛逆,为了避免裹脚,在课堂上拳打脚踢,整个郑氏家族被她骚扰乱了。她坚定地对祖母说:"我绝不裹脚,嫁不出去也不裹脚!"祖母见到她态度如此坚决,悻悻甩手而去。从此,她逃离了裹脚的命运。

1903年,郑毓秀和母亲来到了北京和父亲一起生活。在北京,郑毓秀目睹了大清帝国的破落,接触了许多先进思想。15岁那年,得知革命者孙中山先生等人前往日本时,决定去日本留学追随他们。到了神户,当得知一间商店经常有革命党人出入后,她找到店主直截了当地要求加入革命党。店主惊讶于这个女孩子的豪气,就将她推荐给廖仲恺。同年,在廖仲恺的推荐下,她加入了同盟会。

郑毓秀

1911年,郑毓秀归国,担任革命派暗杀要人任务的联络员等职务,曾参加京津同盟会分会暗杀袁世凯的计划。有一次,郑毓秀的任务是利用自己富家小姐的身份,通过火车运送一个重达

18. 靠太太官运亨通的魏道明

150磅的炸弹。火车刚刚启动,一位列车员来到郑毓秀的包厢,指着那个巨大的行李说,随身不能携带这么大的箱子,必须接受检查。郑毓秀不屑一顾地说:"你知道这是谁的东西吗?你要检查会终身后悔!"傲慢的语气吓住了列车员,他只好将列车长找来。郑毓秀乘机和列车长聊了起来,竟让他忘记了自己是来干什么的。

年轻时的郑毓秀难道是个"帽子控"

1912年1月,京津同盟会分会紧急指示中止暗杀袁世凯的行动,改为刺杀良弼。郑毓秀等接到任务后,决定先派一人接近良弼,然后近距离炸死他。担当刺杀任务的是革命党人彭家珍,其时彭家珍正与郑毓秀的姐姐处在热恋之中,生离死别,郑毓秀的姐姐伤心欲绝。郑毓秀也十分悲伤,但为了革命事业,仍然坚决按计划执行,终于成功刺杀良弼。

刺杀行动成功后,郑毓秀到法国勤工俭学。1914年,她在巴黎学习法律,1917年得到巴黎大学法学硕士学位,随即加入法国法律协会。1919年,出席巴黎和会的中国代表团在压力下准备签署凡尔赛条约。身在巴黎的郑毓秀,除了通过新闻媒体呼吁英、美、法主持公道,更强烈谴责巴黎和会对中国的不公正。在巴黎和会签字的前一天，郑毓秀约集300多名留法学生与华工代表奔赴巴黎西郊，包围中国首席代表陆征祥的寓所。在陆征祥寓所的后花园中，郑毓秀急中生智折下一段玫瑰树枝，藏在衣服里，顶住陆征祥的后腰，愤怒地说："你要是签字，我的这支手枪亦不能宽恕你！"陆征祥没有在和约上签字，中国政府保留了收回山东的权利，而郑毓秀"以玫瑰为枪"的义举，也成为街头巷尾的热议话题。

二、夫妻档的律师事务所

风度优雅、能言善辩的郑毓秀无论走到哪里，都是人们视线的焦点。她好演讲，表情生动，极富鼓动性，还能讲一口流利的法语。在巴黎一次数千人的集会上，她登台演说，用慷慨激昂的语气，宣扬中华民族灿烂的文化，之后，有巴黎的报纸惊呼道："郑让我们重新认识了中国。"

1919年，魏道明赴法国留学，经同乡介绍认识了郑毓秀。起初郑毓秀并未对他多加留意，只将他视为小字辈，后来魏道明也进入巴黎大学法科，成为郑毓秀的学弟，两人经常一起讨论功课。魏道明虽其貌不扬，但成绩好，言谈中肯，有独到之处，得以折服自视甚高的郑毓秀，她一改原先态度，视魏道明为知己。

1920年到1924年之间，郑毓秀的大部分时间在攻读法学博士学位。郑毓秀还资助魏道明在法留学，同时留学的还有王宠惠等人。据说，郑毓秀当时爱上了王宠惠，无奈最终落花有意，流水无情，终未成姻缘。

1924年，品学兼优的郑毓秀取得巴黎大学法学博士学位，成为中国第一位获此殊荣的女性。郑毓秀的博士论文答辩在巴黎大学一座哥特式建筑风格的教室里举行，主考官穿着红色长袍，坐在巨大的桌子前。郑毓秀穿着一件白底蓝花的上装，耳垂上戴着一副母亲送给她的玉耳环，手腕上一对玉手镯，手执论文站在他们面前，紧张而激动地陈述着。当主考官全票通过郑毓秀的博士论文后，她向老师们深深地鞠了一躬，表示真诚的谢意。然后，她激动地冲出教室，扑向早已在外等候的魏道明，并高喊："通过了！通过了！"

随后，她乘船返回中国，中国法制史也由此翻开了全新一页。在当时的中国，虽然妇女的社会地位已有所提高，可以从事各种自由职

18. 靠太太官运亨通的魏道明

业,但规定律师应为"中华民国之满二十岁以上之男子",律师这个职业一直是女性的禁区。

郑毓秀仔细研究了中国的司法制度后发现,作为一名取得法国律师牌照的中国人,就可以在法国租界的法庭出现。1925 年,魏道明也取得巴黎大学法学博士学位。1926 年,郑毓秀与魏道明在上海法租界开设了一个律师所,执行律师业务,并成为中国第一个女律师。同年,郑毓秀与魏道明在杭州结婚。以后,郑毓秀利用自己的法律知识和人际关系,积极参与一些重大的社会事务活动,开始扬名上海滩。夫妻二人于上海租界内力争华人权益,使魏郑律师事务所声名大噪。

郑毓秀早年崇尚侠义,热衷于搞暗杀,曾经数度轰动过江湖与朝野。在人们的街谈巷议中,皆言其能飞檐走壁,飞剑取人首级如探囊取物。郑毓秀完成了从女侠到律师的华丽转身,令人惊羡万分。执业期间,郑毓秀屡屡打赢官司,其中最具知名度的,是京剧大师梅兰芳与著名女伶孟小冬的离婚案,郑毓秀作为孟小冬的辩护律师出面调解。最终,梅大师以 4 万元平息了这场官司。

郑毓秀是我国第一位女律师

郑毓秀的律师所一时门庭若市,应接不暇。凡上海滩上闻人如有讼事,皆委托于她。就连那上海滩上的大佬杜月笙等人,也常常买她的账。据说,仅一件房屋拆迁案,郑毓秀所获得的诉讼费,就等于上海大赛马的一个头等奖。后来她在上海置了许多房产,共产党的周公馆及周边的一些房屋,均原是她的产业。

但在郑毓秀眼中,律师所并非纯粹赚钱营利之机构。北伐军逼近上海时,20 多名国民党人被当局拘捕,郑毓秀在法庭上引经据典,将他们引渡到法租界加以保护。1926 年,大学教授杨杏佛在上海被捕,郑毓秀又利用关系向当局施压,杨最终得以释放。

三、市长夫人全身而退

魏道明、郑毓秀夫妻两人比翼双飞,双双进入仕途。1927年,郑毓秀被任命为上海审判厅厅长,兼江苏检察厅厅长、上海临时法院院长等职,魏道明任国民政府司法部主席秘书、司法部次长、代理部长兼建议委员会常务委员。1928年,郑毓秀出任国民党立法委员,负责起草民法工作,魏道明任司法行政部部长。1930年,魏道明任南京特别市市长,1935年任《时事新报》、《大陆报》、《大晚报》总经理。

郑毓秀一生最为关注的,仍然是妇女权利与解放。作为民国《民法》起草委员会的五委员之一,她起草了众多保护女性权利的法案——规定女子与男子同享平等的继承权;承认成年女子有权签订或废止婚姻契约;已婚妇女有权保留自己的姓氏,不冠夫姓等。有史家评论,在中国妇女解放史上,这部《民法》草案"具有划时代的意义"。

1930年,魏道明任南京特别市市长,主张办理市政应积极地为市民谋利益。当时的陈氏太极传人陈照丕在北京传拳,立擂于宣武楼,17天未遇敌手,陈氏太极之精奥始为人知,北平市政府、朝阳大学、中国大学等单位都想慕名延聘,后来却被时任南京市市长魏道明抢先一步,邀至南京的中央国术馆任名誉教授,并在市政府、侨务委员会和全国民营电业联合会等处教拳。

市长夫人郑毓秀喜欢出风头,因而成为风口浪尖人物。1933年8月30日,南京的江宁地方法院开庭审理了"弹劾郑毓秀"一案,监察委员高友唐弹劾郑毓秀贪婪不法。此案发生后,郑毓秀躲避,没有露面,也没有正面回应。后来此案不了了之,郑毓秀找了个替罪羊,全身而退,出国避风。关于此案的报道也很少,可能是郑毓秀和魏道明通过其他的途径,使媒体封口,这在民国时期,是常有的事情。从郑毓秀和魏道明后来的仕途来看,他们也丝毫没有受到此案的影响。

郑毓秀能够全身而退,和国民政府弹劾政策的弊端有关。国民政府监察院认为公务员有违法失职情事者,即将弹劾案连同证据移送公务员惩戒委员会审议。监察院直接告发的案子有多重手续。假如证据确凿,被检举人又没有重要的社会关系,监察院一般都乐意弹劾。而真正的"大鱼",比如郑毓秀,即使被监委们网住,最终也有办法破网而出。

郑毓秀(后右)与魏道明(前右)、王宠惠(前左)等人的合影

就这样一位快意恩仇的女侠,转瞬间忽又成了名扬海内外的东方大律师。她又戛然而止,淡出朝野,遁迹江湖。据说她后来到巴西和阿根廷去做小生意了,实在让人又一次大跌眼镜。可谓是绝无仅有,一代奇女子也。其实,辉煌,是时代造就了她。转身,是应时而变。淡出,是理智的选择。凤鸟之高飞下伏,非寻常之俗客所能忖度矣。

四、夫贵妻荣

抗战期间,郑毓秀出任教育部次长。抗日战争爆发后,魏道明任行政院秘书长。郑毓秀渐渐由台前走到幕后,因为和宋美龄关系不错,加上超常的交际能力,身边友人非富即贵,使丈夫在仕途得以平步青云。

1941年,魏道明出任中华民国驻法国大使,1942年,魏道明接替胡适任驻美大使,致力于推动改善中国的国际外交地位,替中国抗战争取有利的国际形势。郑毓秀成了大使夫人,协助魏道明开展外交工作。

因为在法时间较长,魏道明说的英语带有法国口音,任美国大使期间的一次演讲,魏道明精心做了准备,滔滔不绝,一气呵成,自认为很满意。不料听演讲的美国某参议员夫人对魏说:"讲得相当不错,可惜用法语,我们听不懂。"

尽管如此,魏道明及夫人还是出尽风头。1942年10月7日,中国驻美大使魏道明打电报给蒋委员长:美国决定,英美将取消自1901年以来和中国签订的所有不平等条约,世界成立联合国机构,由美、中、英、苏行使管理和决定整个世界的命运。他后来成为出席旧金山联合国制宪会议的中国10位代表之一。

任驻美国大使时的魏道明

1943年1月11日,中方全权代表驻美大使魏道明,美方全权代表国务卿赫尔在美国国务院签署中美新约。魏道明致词:"中美两国俱为太平洋上之民主国,现正为自由而共同作战。今日在华盛顿签订新约,意义极为重大,两大民族间悠久之睦谊,必将因之增加。余代表中华民国签订此约深感荣幸。"《中美新约》标志美国放弃在华的不平等条约,彻底解除了中国百年来受不平等条约的束缚与枷锁,之后英国、加拿大等国也相继效法美国修约。

1943年,大使夫人郑毓秀陪同宋美龄访美,商谈重大国事。深谙政治的罗斯福总统夫人,称赞郑"具有政治头脑,不同于历任中国大使夫人"。美国总统杜鲁门的夫人虽从不过问政治,但仍和郑毓秀结为知己。抗日战争胜利后,魏道明任国民政府立法院副院长。

1947年台湾省爆发"二二八"事件,时任台湾省行政长官的陈仪被撤职,同年4月22日撤销台湾省行政长官一职,改组为台湾省政府,魏道明出任首任台湾省主席。魏道明首次做封疆大吏,能

18. 靠太太官运亨通的魏道明

否胜任,曾被人质疑。但魏走的是"夫人路线",其夫人郑毓秀以交际家姿态,专走上层路线,深得蒋夫人欣赏。蒋介石曾意属重庆行辕副主任朱绍良,得到张群、吴鼎昌等人支持,后由于宋子文出面活动,魏道明才得以赴台就任。魏夫人比丈夫更高兴,因为她的努力成功了。

1942年,驻美大使魏道明与中国代表团团长熊式辉在华盛顿

魏道明来到台湾后,立即取消戒严,结束"二二八"事件后的清乡,以让台湾省政务正常运作。台湾省政府下设民政、财政、建设、教育四厅,13位省府委员。而魏道明上任七天后公布的13位省政府委员中,台籍人士过半,占7位。台湾情势缓解后,战后重建加速,在第二次世界大战期间被破坏的台南孔庙等均重建修缮,强化了台湾与大陆各方面的联系。魏道明说:"今后但以最大的努力来谋台湾的幸福。"

1943年2月华盛顿，驻美大使魏道明夫人郑毓秀
与访美中国代表团团长熊式辉在酒会上

1947年11月，台湾省举行了第一届"国民大会"代表选举。1947年12月28日，魏道明举行记者招待会称，台湾自古以来就是中国的固有领土，已经回归中国，但一些阴谋分子企图将台湾从中国再分裂出去，中国政府和中国人民绝不允许。如果少数人敢冒天下之大不韪，600万台湾人民和4万万中国大陆人民将不惜为之流血牺牲，坚决维护中国的领土完整。为了防止外国记者借机扰乱视听，魏道明还下令限制外国记者进入台湾。这样，美国国内掀起的第一次将台湾交联合国托管的逆流被打了下去。

魏道明主政台湾后，夫人成为红人，什么事通过她才能成功。台湾银行对商汇限制严酷，木材是禁止出口的，却有不

中年郑毓秀

18. 靠太太官运亨通的魏道明

少木材在走"公"。被查后,均说是"××公馆"的。省政府秘书长徐道邻批复严查不批。魏夫人责怪说:"你为何不与大家商量?"徐说:"这事,我是代主席办的啊!"愤然之下,挂冠而去。对人言:"以四万万同胞之处心积虑,光复了52年沦陷的台湾。慈禧太后断送了半个中华民族,某夫人将葬送整个台湾!"

1943年2月,魏道明向外国官员介绍妻子

魏道明在台湾做出的政绩,却毁于贪婪腐败夫人郑毓秀。台湾是个盛产木材的地区,魏夫人自己组织了一个公司,并在高产区垄断木材砍伐,她还将日本人的财产卖给那些对她大肆行贿的人。60多岁的郑毓秀打扮得花枝招展,出门时还喜欢拖凉鞋。人们因此都叫她空前绝后,暗讽她的贪污前无古人,后无来者。陈仪在台人中的评价已经不高了,后来的魏道明却比陈仪还差,就是因其太太郑毓秀口碑不佳。

大使夫人郑毓秀

魏道明主持台湾省政，一共1年7个月，1949年1月蒋介石撤换了魏道明，改派其亲信陈诚为台湾省主席，并把巨额黄金、外汇和大批军火运至台湾，为兵败大陆做准备。

1945年1月，美国白宫，参加罗斯福就职典礼的中国驻美大使魏道明

五、续弦荣辑芙

脱离波谲云诡的政治中心后，郑毓秀夫妇曾一度困顿迷茫。为求安身立命，他们前往距离中国万里之遥的巴西，从事商业活动。但由于经营不善，外加人脉生疏，郑毓秀夫妇在巴西逗留数年后又复返美国，过着旅居生活。此刻的郑氏夫妇，欲返中国大陆不能，想回台湾，蒋介石却"缓发"他们的通行证。漂泊异乡的郑毓秀，痛感英雄落魄而无用武之地，只好终日聚集朋友搓麻将、叙旧情、忆往事，消磨时光。

1954年，台湾举行第二届"总统"选举，当时在美国的孔祥熙有意竞选"副总统"，托魏道明从美国回台湾窥察行情。蒋经国和陈诚看穿魏道明的来意，立即命报纸发表文章，大骂豪门，并影射魏道明是豪门走狗。孔祥熙自知当副总统无望，命魏即停止活动回美。可

18. 靠太太官运亨通的魏道明

1947年,魏道明送友人的照片

是魏道明却走不脱了,从蒋经国和陈诚方面传出风声,似乎要与魏道明清算其任台湾省主席时营私舞弊的旧账。最后魏道明决意效法吴国桢,走了宋美龄的门路,好不容易才离台返美。

同年,郑毓秀左臂发现癌症,被迫切除左臂,这对一世英名的郑毓秀来说,是个沉重的打击。由于身体受伤,郑毓秀对金钱越来越看重,据说晚年的时候,郑毓秀无论走到哪里,都随身携带一个大手提包,里面装着她的财富。客居异乡,被冷落的魏道明、郑毓秀夫妇度日如年。1959年12月16日,郑毓秀病逝于美国洛杉矶,终年68岁。

没有了夫人的干扰,魏道明也想干点业绩出来。魏道明1959年出任台湾"外交部"顾问。1962年,魏道明续娶荣毅仁的妹妹荣辑芙女士为续弦。

荣辑芙,1917年生,早年与郑毓秀夫妇相识。在泰国结束与一位华人的婚姻后,到美国又与一位华裔美籍商人李先生结婚。在郑毓秀病逝前后,荣女士与李先生离婚。

1964年,魏道明东山再起,出任"驻日大使"。1966年,调任"外交部长"。五年任期中,每年均亲自前往纽约联合国总部督战,维系"代表权"于不坠。1971年春,魏道明胃出血甚剧,辞去"外交部长",受聘为"总统府资政"。

魏道明在他退休岁月及患病期间,其夫人荣女士全心照顾,不仅觅医寻药,而且常约友人去看他,虽不多谈,只求他内心快慰,对这一位没有儿女的老政要来说,是最大的慰藉与幸福。1978年5月18日,魏道明在台北病逝,享年78岁。

19. 与妻子一起潜伏的唐生明

唐生明

唐生明,号季澧,1906年10月出生在湖南省东安县。其祖父唐本友曾任清朝广西提督,御赐黄马褂;其父唐承绪在辛亥革命前任湖南省盐务署署长,民国初年任湖南资兴、零陵、湘乡等县县长,后调任省府实业司司长。家族在湖南根深蒂固。唐生明在家中排行第四,其长兄便是大名鼎鼎的唐生智。有此家族背景,唐生明年轻时性格放荡不羁,对于看上的东西不择手段。

一、各路逢源

唐生明年少时,常导演恶作剧,戏弄家塾老师。有时,唐生明还会去比他年长17岁的长兄部队里过军旅生活。家中顺其意愿,将他送到长沙明德学堂、修业小学念书,后进入湖南第一师范附小高小部就读。

1920年秋,毛泽东担任附小主事,对14岁的唐生明十分喜欢,与他同榻而眠长达一年之久,结下深厚师生之谊。对于老师的厚爱,唐生明深记心中。后来蒋介石发动"四·一二"政变,唐生明曾与陈赓等黄埔学生"讨蒋",并给当时正在井冈山闹革命的毛泽东送过武器。

唐生明高小毕业后,升入兴会中学初中部,1923年冬肄业,次年春进入湖南陆军讲武堂,同年秋结业,至湘军第三师师长叶开鑫部任上尉参谋。1926年3月,白崇禧等三人作为广东革命政府代表进驻唐生智部队的同时,唐生明以其长兄代表的身份,实际作为人质,被送往广东。

唐生明被广东当地的革命气氛所吸引,要求到黄埔军校学习。

蒋介石欣然同意,安排唐生明去政治科就读。唐生明以插班生资格入黄埔第四期,被编入张治中为团长的步兵军官团七连,成为连长陈赓的部下。这样,唐生明成为蒋介石的学生。另外,唐生明在校期间,汪精卫任过军校党代表,因此,唐生明也可称为汪精卫的学生。

1926年10月毕业后,唐生明辗转香港、上海、武汉等地。唐生智当时任总司令的第八军,实力在北伐军中最强。受长兄关照,唐生明任其中学生队副总队长,12月任总司令部警卫二团团长。1927年春,随军北上,参加了河南漯河战役。

唐生明先后师承毛、蒋二公,实为难得。或许是"先入为主"之故,唐生明对毛泽东及共产党总有一种情结。在国民党内,唐生明与其兄唐生智非蒋嫡系,多次反蒋。蒋介石得势后,唐生明被削除了实际兵权,后来干脆脱离部队,在汉口闲居。蒋桂战争时,唐生明策动4个旅反戈拥蒋,也算为老蒋立了一功。

二、花花公子看上了"标准美人"

唐生明相貌英俊,善于交际,人脉广,有胆识,有谋略,军务之余常到上海这个花花世界消遣,并在"湖南会馆"认识了明月社当家花旦徐来。端庄秀丽、天生丽质的徐来,由我国流行音乐的奠基人黎锦晖发现并培养,"徐来"之名,取"清风徐来"之意,也是由黎所取。

黎锦晖也是湖南人,对唐生明早有耳闻。他讨厌唐生明色迷迷的眼睛,提醒徐来和自己女儿黎明晖少接触这位阔少。唐生明一有时间就泡在明月社,让黎锦晖非常头痛。但因为需要同乡捧场,黎锦晖对唐生明也不能不搭理,得罪不起。徐来好奇地比较着黎、唐这两位湖南人,一个老夫子书生气实足,一个风流倜傥、春光灿烂,她怎么也料想不到,眼前这一大一小两个男人,先后成为了自己的丈夫。

"标准美人"徐来

徐来的泳装照

徐来前夫黎锦晖

有一次,黎锦晖被抓,徐来求唐生明帮忙,唐生明乘机占徐来的便宜,要徐来陪他出去玩。徐来急哭了,唐生明就要徐来亲他一口,他对徐来早就不怀好意。在场的的湘妹子王人美看不下去,大骂唐生明:"你和黎先生都是老乡,这点忙不帮,丢人不?"唐生明只得说:"我帮你们去打听一下吧。"就灰溜溜地走了。唐生明终于打听到黎锦晖被关在哪里,通知徐来她们去监狱救黎出来,条件是:明月社劳军演出一场。

徐来是黎锦晖事业上的好帮手,1929年底与黎锦晖结婚,后去了南洋。已任第四集团军第八军副军长的唐生明,发现自己非常想念徐来,当他知道徐来已经嫁给黎锦晖,非常痛苦。他辞了军职,更加花天酒地地打发时光。

有一次,明月社到天津演出,唐生明正好在天津,他想找徐来,就来旅店说邀女演员出去玩,女孩子们乐坏了。

徐来送给周璇的签名照

其时唐生明已经成熟多了,徐来看见他有种别样的感觉……见到独具风韵的徐来,唐生明越发爱她了,他下定决心,要想方设法得到徐来。

宁粤合作时,唐生智就任军事参议院院长,唐生明成为中将参议,进陆军大学深造后,就任军事委员会中将参谋。抗战初期,唐生明调任长沙警备区副司令、代理司令,故意拖延"火烧长沙"计划。与常德桃源警备区司令酆悌对调后,酆悌因执行计划造成灾难性后果,被枪毙。唐生明因延误反而避祸开罪,始以"福将"自嘲。唐生明还在戴笠情妇的面前胡说八道,说什么要画蒋委员长的符。

唐生明如此哈哈,倒也结交了许多朋友,与军统头子戴笠、上海青帮大亨杜月笙关系都不错。在他们的帮助下,唐生明终于抱得美人归,娶到了梦寐以求的徐来。

唐生明是徐来的第二任丈夫

三、抱得美人归

由于有18岁的年龄差异,徐来与黎锦晖婚后有一定隔阂。徐来长得很漂亮,有"东方标准美人"雅号。她不但喜欢跳舞,还喜欢热闹,成为人群中的焦点。她时常出入舞场等交际之所,与多位国民党高官来往密切,很多人为其风采所倾倒,拜倒在其石榴裙下。大明星的一举一动本来就容易招惹是非,何况是初嫁为人妇的徐来,流言蜚语渐渐聚拢包围了她。

由于黎锦晖的软弱,在北京、沈阳、哈尔滨、南京、汉口等地军阀污吏、流氓地痞的欺负下,明月社被迫再次解散。已经成为电影明星的徐来多次劝黎锦晖关闭明月社,安心写歌,这样既可以名利双收,生活也可以安适幸福。而黎锦晖却总是要一心经营明月社,培养新秀,那是他的事业和理想。因为工作,两人在一起的时间越来越少。

唐生明终于找到了机会,他经常去片场接徐来,慢慢地掌握了心爱女人的弱点。一天,唐生明送徐来回家,黎锦晖又不在家里,唐生明乘机一起进了房间,徐来打开收音机,里边传出周璇的歌声,接着播放歌星的评选结果:第一名白虹,第二名周璇,本次竞选活动的状元、榜眼都出自黎锦晖先生的门下。想到黎锦晖经常说起自己歌喉不美,徐来伤心地哭了起来,唐生明关上收音机,将徐来搂在怀里亲吻,这时徐来多么需要男人的温暖呀,两人倒在了沙发上……

徐来的明星照

美女间谍徐来

杜月笙知道后专门借给了唐生明一套房子,让唐生明和徐来幽会。唐生明则个人出资1000大洋请黎锦晖去主持扬子饭店爵士乐队。黎锦晖开始不愿意去,但迫于杜月笙的压力,只好屈服……

舞厅灯光摇曳,伴着《新渔光曲》,黎锦晖独坐在乐池边喝酒,唐生明则搂着徐来跳着舞。杜月笙过来亲切地对黎锦晖说:"我喜欢西皮二黄,也喜欢你的歌。"戴笠来了,徐来和唐生明忙迎上去,戴笠一边和大家打招呼一边盯着徐来的女秘书张素贞的胸……当晚,戴笠在杜公馆把张素贞抱上床的同时,唐生明也和徐来在一起。

黎锦晖找机会溜出来,在街上独自漫无目的地走着,这一夜他没有回家……徐来也没有回家。几天后,黎、徐两人的女儿病故,唯一的感情纽带断了。在墓地,黎明晖挽着父亲黎锦晖,唐生明挽着徐来。葬礼一结束,徐来就钻进唐生明的车走了,真如清风徐来,轻轻飘去。

1935年,离异后的徐来在杜月笙的大力"撮合"下,正式与唐生明结婚,从此开始了另外一个世界的生活。29岁的唐生明终于得到他梦寐以求的新娘。有了徐来,唐生明开始安分下来,决定要做个负责任的男人。虽有娇妻相伴,从小养尊处优的唐生明在常德小地方还是过不惯。1940年春,戴笠通知唐生明赴渝,接受到汪伪政府卧底的任务。

四、"潜伏"生涯

唐生明毅然接受了这个危险而艰巨的任务,为掩护唐生明,国民政府发出了"通缉令",将唐生明列为汉奸,唐生智也登报声明与弟弟脱离关系,唐生明和徐来夫妻两人以极大的勇气共赴国难。临行前,戴笠转达蒋介石的三个任务:运用关系,掩护上海、南京军统特务组织,使之不被破坏,设法营救被捕的军统特工;相机传达蒋介石对大小汉奸的"宽大政策"和关怀;运用一切办法限制新四军的发展,随时予以打击,帮助忠义救国军的发展。

1940年春夏之交,上海特务头子李士群陪同唐生明、徐来夫妇由上海去南京,在下关火车站受到汪伪政要叶蓬等人的欢迎,日军宪兵司令也前往欢迎。汪精卫明知唐生明是"军统"派来的,也不好拒绝。在为唐生明"来归"的洗尘宴上,汪精卫佯醉大嚷:"你来得好,我即使死在我的学生手上,也是甘心的。"唐生明显得很尴尬,感到任务的艰巨。

欢迎宴会后,汪精卫亲自将唐生明夫妇安置于城西牯岭路的花园洋房居住,并送了辆轿车。唐生明被任命为军委会委员、中将高参,后

徐来与女儿合影

兼任"清乡委员会"军务处长。唐生明一贯生活讲究,出手阔绰,为获取日本人信任,他在南京、上海结交亲日权贵,更是挥金如土,行事招摇,爱国人士见之尤为愤恨。

唐生明和徐来都是社交高手,简直是天生的一对,他们追求享受,出手阔绰,爱打麻将,热衷跳舞,家中常高朋满座,徐来很快与汪精卫老婆陈璧君、陈公博情妇莫国康、周佛海老婆杨淑慧等混熟了。通过牌局、饭局,徐来搞到汪伪核心层不少重要情报报告给丈夫,她搞到的情报比她老公还多。

有时,蒋介石还将重庆特工搜集到的新四军情报令戴笠转给唐生明,唐再倒个手把情报交给手下,作为"业绩"送给日伪,日伪军再据此对新四军"围剿",如此周折,颇为麻烦。殊不知新四军也有谍报人员在敌人内部,消息更为灵通,往往使日伪军不是中埋伏,就是扑空。唐生明曾经告诉周恩来有关蓝苹(江青)在上海的情况,并要求周注意这个人。因从影期间徐来和蓝苹多有共事,对其知根把底。

徐来的"美"放在现在也不过时

"潜伏"生涯惊心动魄。唐生明身份暴露后,日本人不但不杀不抓,还加以保护利用,让唐联络蒋介石商谈中日合作,并说:"我们因为找不出办法,才拉汪精卫出来的。"唐生明与重庆通电后,得到蒋介石要求好好保持与日本的这个关系的指示。作为日本与蒋方"桥梁",唐生明继续周旋在蒋、日、汪之间,甚至与中共也存有默契。唐生明策反陈公博、周佛海等众多汉奸,还借刀杀人,利用矛盾,借日本宪兵之手毒死李士群;得到日本准备将要袭击珍珠港的军事情报,及时送出,得到美国方面致谢。

抗战胜利后,唐生明战时特殊身份才披露出来。蒋介石以国民政府主席名义发表了取消对唐生明的"通缉令",并发给唐生明

200万元奖金,而发给整个上海警察局才100万元。可见唐生明功劳之大。唐生明是抗战期间国民党军衔最高的间谍。

五、"文革"中痛失爱妻

唐生明确实是个"福将"。"潜伏"期间,有一次日本人追问一笔被唐转交给忠义救国军的大额款项时,情况十分危急,幸而突然在近郊发现新四军,日本特务仓皇脱身,唐生明才得以化险为夷;戴笠飞机失事前,曾邀唐生明同机而行,临出发前,唐生明因为忘了带给大哥的礼物没赶上飞机,才幸免于难。

看到为蒋介石暗中效力的汉奸一个个被杀,唐生明心有余悸。因为不是蒋的嫡系,国民党内战兵败后,唐生明在考虑自己的后路,随蒋赴台肯定不是首选。

1949年,唐生明在湖南策反的情况为军统特务察觉并上报蒋介石。老蒋震怒,指示毛人凤安排杀唐。但特务高层内部有人认为,唐生明是个公子哥,追求生活享受,不可能跟着共产党走。如此一拖,直到事实明朗。特务们埋伏在长沙唐公馆附近,当唐生明陪着中共和谈代表团成员李明灏走出门时,特务们开始一阵齐射。不知是什么原因,唐、李二人皆安然无恙。唐生智、唐生明兄弟两人为湖南和平解放,做出了重要贡献。

同年冬,唐生明以经商为由,辞职赴港,为"两航"起义做了一定促进工作。1956年底,唐生明携徐来及子女到北京定居,担任国务院参事。毛泽东特批4万元安家费,这在毛泽东月薪不足500元的当时,完全是一笔巨款。

"文化大革命"爆发后,唐生明同妻子徐来一起被捕,并因当年调

徐来和女儿徐小凤

查蓝苹而受江青迫害。1973年4月,徐来在狱中不幸被折磨致死,终年64岁。"标准美人"含冤告终,悲凄之极。"文革"浩劫中,许多中共领导人都被迫害致死,而身为"国民党残渣余孽"的唐生明虽说也吃了不少苦,但却奇迹般地保住了性命,顽强地活到了"文革"结束后的第12个年头。1987年10月24日,81岁的唐生明因病与世长辞。其追悼会规格之高,令人瞩目。

1960年10月19日,周恩来在北京颐和园会见黄埔校友。前排左起:周恩来、陈赓、邵力子、张治中、郑洞国。中排左起:李奇中、黄维、唐生明、覃异之、侯镜如、杜聿明、周振强。后排左起:王耀武、杨伯涛、郑庭笈、周嘉彬、宋希濂。

后　记

《民国名媛的婚姻大事》面市后,有人问我能否再出一本关于民国政要及其夫人们家庭生活的书。我觉得这是个好建议,就开始动笔了。

这本书当然是以民国政要为主线了。在编写过程中,我发现政要们的婚恋故事真有不少,其情场往往与仕途、事业交织,其中不乏传奇佳话。情感生活是民国政要研究的重要组成部分,官场情场不可分离。这对当今的一些社会现象,特别是官风建设有一定借鉴作用。回顾民国政要们的婚姻,最终的幸福模式也是和普通老百姓一样的。

因篇幅限制和史料有限,本书选取的民国政要难以概全,只能精选其中一部分有特点的代表人物加以挖掘,以供读者对民国政要的婚姻及婚后生活有个总体了解。政要们大部分已经过世,即使遗孀健在的话,也是耄耋、期颐高龄了。由于时间仓促及史料有限,如有误实之处,敬请谅解。

作者于漪澜阁

2014 年 5 月 23 日